Ai de ti, Copacabana

Outras obras do autor publicadas pela Editora Record

200 crônicas escolhidas
Ai de ti, Copacabana
As boas coisas da vida
A borboleta amarela
Um cartão de Paris
Casa dos Braga
O conde e o passarinho
Crônicas da guerra na Itália
O homem rouco
Livro de versos
1939 – Um episódio em Porto Alegre: uma fada no front
Pequena antologia do Braga
Recado de primavera
A traição das elegantes
Um pé de milho
O verão e as mulheres

Rubem **BRAGA**

Ai de ti, Copacabana

29ª edição

EDITORA RECORD
RIO DE JANEIRO • SÃO PAULO
2013

CIP-Brasil. Catalogação-na-fonte
Sindicato Nacional dos Editores de Livros, RJ.

	Braga, Rubem, 1913-1990
B795a	Ai de ti, Copacabana / Rubem Braga. – 29ª ed. –
29ª ed.	Rio de Janeiro: Record, 2013.
	ISBN 978-85-01-06738-8
	1. Crônica brasileira. I. Título.
	CDD – 869.98
03-2048.	CDU – 821.134.3(81)-8

Capa: Rachel Braga
Texto revisado segundo o novo Acordo Ortográfico da Língua Portuguesa

Impresso no Brasil

ISBN 978-85-01-06738-8

SUMÁRIO

NOTA

As crônicas deste livro foram escritas de abril de 1955 a março de 1960. Nesse período o cronista mudou de jornal: do Correio da Manhã *foi para o* Diário de Notícias *e deste para* O Globo. *Também mudou de revista, saindo de* Manchete *para o* Mundo Ilustrado *e voltando depois para* Manchete. *A arrumação é por ordem cronológica e a seleção foi feita pelo autor.*

As primeiras crônicas foram escritas em Santiago do Chile, onde o autor era diretor do Escritório Comercial do Brasil, órgão do Ministério do Trabalho, Indústria e Comércio. As outras são do Brasil, menos uma, feita em Nova York.

R. B.

A Corretora de Mar

A mulher entrou no meu escritório com um sorriso muito amável e os olhos muito azuis. Desenrolou um mapa e começou a falar com uma certa velocidade, como é uso dos chilenos. Gosto de ver mapas, e me ergui para olhar aquele.

Quando percebi que se tratava de um loteamento, e a mulher queria me vender uma *parcela*, me coloquei na defensiva; disse que no momento suspendi meus negócios imobiliários, e até estava pensando em vender meus imensos territórios no Brasil; que além disso o Chile é um país muito estreito e sua terra deveria ser dividida entre seu povo; até ficaria mal a um estrangeiro querer especular com um trecho da *faja angosta*, que é como os chilenos chamam sua tira estreita de terra, que por sinal costumam dizer que é "larguíssima", para assombro do brasileiro recém-chegado, que não sabe que isso em castelhano quer dizer "compridíssima".

Os olhos azuis fixaram-se nos meus, a mão extraiu de uma pasta a fotografia de um terreno plantado de pinheirinhos de dois ou três anos: não se tratava de especulação imobiliária; dentro de poucos anos eu seria um madeireiro, poderia cortar meus pinheiros... Ponderei que tenho uma pena imensa de cortar árvores.

— A senhora não tem?

Também tinha. E então baixou a voz, sombreou os olhos de poesia, e me disse que ela mesma, corretora, também comprara duas parcelas naquele terreno. E tinha certeza — confessava — que também não teria coragem de mandar cortar seus pinheiros; também adorava árvores e passarinhos, cortaria apenas os pinheiros necessários para fazer uma casinha de madeira: o lugar é lindo, em um pequeno planalto, dá para uns penedos junto ao mar; as árvores choram, e cantam com as ondas quando sopra o vento do oceano...

Confesso que paguei a primeira prestação: ela passou o recibo, sorriu, me disse *muchas gracias* e *hasta lueguito* e partiu com seus olhos azuis, me deixando meio tonto, com a vaga impressão de ter comprado um pedaço do Oceano Pacífico.

Santiago do Chile, abril, 1955.

O Inventário

Peço a um amigo que me ajude neste transe melancólico; aluguei uma casa mobiliada, e o velho casal de proprietários fez uma lista de seus trecos para eu conferir. A lista é minuciosa e, por isso, imensa; são mil grandes e pequenas coisas, duas marquesas, um quadro a carvão representando São Francisco de Assis (mas o desenho é ruim e o santo está gordo), uma horrível, incomodíssima cômoda de metal, dois "choapinos", um espelho quadrado que agora será visitado pela minha cara e talvez por hábito me faça meio parecido com esse velho chileno que sofre do coração.

Ah, sim, o piano. O velho quer levar o antigo piano alemão; resisto; quero o piano; não sei tocar, mas me agrada ter em casa um piano; não seria possível deixar o piano? Os velhos se consultam; sim, ficará o piano. Em compensação há essa absurda mesa de pôquer que eles insistem em deixar, enorme, horrível, esses quadros a óleo detestáveis que eles elogiam tanto e que eu meterei todos dentro de um armário, um tinteiro de cobre, uma estatueta japonesa, coisas antigas como um *violetero* onde jamais colocarei violetas, um licoreiro que nunca verá licor, um *paragüero* que sonha com os guarda-chuvas dantanho, e essa feia *mesita ratona*, e essas coisas inúteis de metal e cristal, o relógio de cuco com o passarinho sempre cantando errado, pobre passarinho extraviado no tempo...

A lista é terrivelmente minuciosa; eu terei de apresentar, ao sair desta casa, tantos ganchos de pendurar roupa e tantos cinzeirinhos de cobre; e já que insisti pelo piano, tenho de me conformar com a presença de um enorme e sinistro *mueble musiquero*, onde se guardam velhos tangos e valsas.

Meu amigo confere as coisas, de lista na mão, e a velha vai repetindo os nomes e apontando os objetos, numa ladainha interminável; bocejo no meio de meu reino desordenado e precário; uma a uma terei de entregar um dia todas essas coisas de volta a esses velhos; e para eles são coisas de certo modo sagradas, com o longo contato de seus olhos e de suas mãos, coisas de suas vidas que incorporaram minutos e anos, lembranças, palavras, emoções. Bocejo, depois fumo; nego-me a examinar, como eles gostariam, o detalhe de cada coisa, e minha indiferença parece que vagamente os ofende. Creio que sentem no fundo da alma um ódio deste estranho que vai morar em sua casa, com suas coisas; sou um intruso, o mais antipático dos intrusos, o intruso que paga o direito de ser intruso. E então eles ficam mais minuciosos, gastam meia hora para acrescentar na lista algumas coisinhas sem importância que tinham omitido, são avaros do que me alugam...

Partem. Chego à janela, vejo-os que fecham com todo o cuidado o portão. E sorrio. Esses velhos são uns insensatos. Arrolaram centenas de cacarecos inúteis e se esqueceram do mais importante, do que me atraiu a esta casa, dos bens sem preço que um vândalo poderia destruir e, entretanto, não estão no inventário; daqueles bens que, se sumissem, fariam esses dois velhos desfalecer de espanto e dor; o que eles não compraram com dinheiro, mas com o longo amor, o longo, cotidiano carinho: as árvores altas, belas, ainda úmidas da chuva da noite, brilhando, muito verdes, ao sol.

Santiago, abril, 1955.

Cordilheira

Desde agosto não caía uma gota de chuva em Santiago. Ainda bem que nas torneiras — oh, leitor carioca, meu semelhante e meu irmão! — a água é abundante e limpa, e jorra à vontade para que à tardinha todo honesto cidadão possa regar suas plantas. Só na Inglaterra há gramados como no Chile, tão verdes, tão macios, tão perfeitos e lindos; o chileno trata o capim como se fossem flores.

Numa tarde vagabunda de sábado andei passeando pelo parque Balmaceda, cheio de árvores, crianças, flores e namorados. Não é proibido, felizmente, pisar na grama. É proibido colher flores e jogar bola, mas isso representa mais uma opinião das placas da Prefeitura que uma realidade humana. Aqui e ali três meninos jogam bola e uma garota colhe flores sem que o guarda, por esse motivo, perca seu bom humor. Também já fumei duas vezes no ônibus, ignorando o aviso, e ninguém me chamou a atenção; Chile, graças a Deus, é um bom país latino.

Mas falávamos de chuva; choveu. Choveu de tarde e a noite inteira, e o dia amanheceu enevoado. Depois o céu foi se limpando — e há três dias, enquanto a lua cresce, ele está azul, esplêndido, sem uma nuvem. Assim chegou o frio, ainda moderado, sem descer além dos 7 graus. Mas, com a chuva, o ar ficou mais fino e o alto cimo da Cordilheira se cobriu de neve.

É difícil contar esse lado da paisagem, esse alto horizonte, essa imensa muralha azul toucada de neve que brilha ao sol. Quando o sol vai morrendo do outro lado do horizonte, a Cordilheira começa a mudar de cor — a Montanha se faz violeta, a neve às vezes tem reflexos púrpuros ou róseos, o azul do céu vai se fazendo mais grave no crepúsculo alto e solene.

Santiago não tem mar; mas tem, a leste, essa presença de abismo e de infinito, essa paisagem de estranha força, pureza e paz — de uma oceânica beleza.

Santiago, abril, 1955.

Árvore

Alta, muito alta, e branca, muito branca, de olhos verdes... Sonhei ter visto uma jovem assim? Terei sonhado ou sonhei que sonhava; não sei; essa moça devia ser irmã da árvore, que vi a vez primeira em noite de luar, erguendo para a noite azul os seus galhos unânimes. Mas de manhã, quando abri a janela, e o sol nascia sobre a Cordilheira, é que ela esplendeu em toda sua beleza.

Em muitos caminhos da Europa e do sul do Brasil vi essa árvore; é um álamo, e foram os álamos que inventaram todas as alamedas deste mundo. Em minha rua santiaguina também há muitos; mas o mais alto de todos, o mais forte em viço, em beleza, está junto à calçada, no meu jardim.

Sou um homem confuso e distraído; minha rua chamase Roberto Del Río e na primeira madrugada, quando voltava para casa, disse ao chofer que morava em Roberto Del

Mar. O velho chileno riu muito dentro de seu casaco escuro, atrás de seus bigodes brancos; mas quando chegamos à rua e ele me perguntou o número da casa não precisei puxar meu caderno de endereços para responder; apontei a mais de cem metros o meu álamo real.

Nenhuma árvore se lança com tanta veemência para o alto; lança-se o enorme tronco muito branco, lançam-se todos os galhos cobertos de folhas, num impulso de chama verde, vinte jatos de seiva partindo todos para cima, ao longo da mesma reta vertical.

Há um pinheiro estático e extático, há grandes salsochorões derramados para o chão, e a graça menina de uma cerejeira cor de vinho, que o sol oblíquo acende e faz fulgurar; mas o álamo junto do portão tem um vigor e uma pureza que me fazem bem pela manhã, como se toda manhã, ao abrir a janela, eu visse uma jovem imensa, muito clara, de olhos verdes, de pé, sorrindo para mim.

Santiago, abril, 1955.

Terremoto

Houve pânico em algumas cidades do Norte desse Meio-Norte que fica ao sul das grandes províncias do Norte Grande, e que os chilenos chamam de *Norte Chico*. A terra tremeu com força e em vários pontos o mar arremeteu contra ela, avançando duzentos, trezentos metros, espatifando barcos contra o cais e bramindo com estrondo. O povo saiu para as praças e passou a noite ao relento; algumas construções desabaram, mas o único homem que morreu foi de susto.

Lamentemos esse morto e também os pobres pescadores que perderam seus barcos; mas qualquer enchente carioca dá mais prejuízo e vítimas. Mas louvemos o maremoto e o terremoto pelo que eles têm de fundamentalmente pânico, pela sua cega, dramática, purificadora intervenção na vida cotidiana, pela sua lição de humanidade e de fatalidade. Talvez seja bom que os homens não se sintam muito seguros sobre a terra, e que o proprietário de imóvel possa desconfiar de que ele não é tão imóvel assim; que há diabos loucos no fundo do chão e que eles podem promover terríveis anarquias. A natureza tem outros meios de advertência, como o raio e a tromba-d'água; mas são demônios do céu que nos atacam. E o homem é fundamentalmente um bicho da terra, é na terra que ele se abriga e confia; apenas se move no céu e na água, na terra é que está seu porto e seu pouso. Ele pisa a terra com uma soberba inconsciente, seguro dela e de si mesmo; só o terremoto consegue lembrar-lhe de maneira fundamental sua condição precária e vã e o faz sentir-se sem base e sem abrigo.

Não sei que influência tem o terremoto sobre o caráter chileno; sei que muitos poderosos de nossa terra ficariam mais simpáticos e propensos à filosofia se o nosso bom Atlântico fizesse uma excursão até Barata Ribeiro e o velho Pão de Açúcar desmoralizasse um *slogan* de propaganda comercial dando alguns estremeções nervosos.

Houve um tempo em que Deus bastava para tornar humilde o poderoso; hoje seus pesadelos são apenas o comunismo, o enfarte e o câncer, mas ele já se acostumou a pensar que essas coisas só acontecem aos outros. O terremoto ameaça a terra com seus bens, e a própria vida; sua ocorrência só pode tornar as pessoas mais amantes da vida e mais conscientes de sua espantosa fragilidade. E isso faz bem.

Santiago, maio, 1955.

O Sol dos Incas

Quando vim para esta casa o sol nascia no alto da Cordilheira, bem defronte à minha janela — e invadia-me o quarto muito cedo, com suas flechas de ouro. Depois, devagarinho, ele foi andando para o Norte. Passou a nascer na altura da casa de telhado verde do outro lado da rua; cada dia surge um pouco mais longe de minha janela, e entra cada dia mais tarde, pálido, fraco, oblíquo. E durante muitos dias — não nasceu...

Hoje fui obrigado a passar o dia em casa. Um dia feio, triste, nublado. Pelo meio-dia o sol conseguiu emitir um pouco de luz enfermiça, e logo se apagou. Brilhou um pouquinho mais tarde, antes de morrer nos fundos do quintal. Está fazendo sua viagem em um pedaço cada vez menor do céu, entre Nordeste e Noroeste. Não corta o céu pela metade, como seria de seu dever: cada dia se contenta com uma fatia menor. Faz frio. E como estou sozinho e triste, parece que o frio é mais frio. Olho as árvores de galhos nus, e esse sol que agoniza quase sem luta, num laranja desmaiado, a um canto do céu cinzento. Escurece. E compreendo então o terror dos índios da Cordilheira, onde o frio é na verdade terrível — o terror primitivo de que o sol um dia sumisse de uma vez para o Norte, em um inverno definitivo que seria a escuridão eterna, o gelo, a morte...

Os Incas sentiam isso e mandavam construir, no alto das montanhas, imensos relógios de sol. Dia a dia eles iam marcando a marcha do sol para o Norte — a projeção cada vez mais longa e mais breve de sua sombra para o Sul. O frio na montanha era cada dia mais doloroso, os dias cada vez mais curtos. Mas um dia o sol cessava de marchar para o Norte. Como que se fixava um pouco em um ponto certo do horizonte — e depois, lentamente, fatalmente, vinha voltando. Os Incas haviam "amarrado o sol", como quem amarra pelo rabo um leão velho. O astro, obediente, chegando a um certo ponto, voltava...

Os espanhóis, aonde chegavam em sua conquista, tratavam antes de mais nada de destruir essas pedras sagradas dos Incas. Era um meio de atingir, no centro vital do medo, a religião que eles queriam matar. Não deixaram um só relógio de sol intato por onde passaram.

Mas os espanhóis não chegaram a toda parte. Havia refúgios inacessíveis, cidades secretas, protegidas por abismos, entre os altos picos, aonde os Incas se escondiam. Alguns desses lugares o homem branco só atingiu quatro séculos depois, em nosso século. Havia ali, intatos, um ou dois desses monumentos fabulosos aonde o Inca todo-poderoso amarrava a sombra do sol. Não foram destruídos. E neste começo de noite fria e triste eu confio em que não os destruam nunca. O sol já está demasiado longe, tombando para o outro lado do mundo. E sinto um frio na alma pensando que ele pode se ir para sempre e me deixar aqui — um fantasma gelado e só entre árvores nuas e pássaros petrificados, no cemitério de minha rua esquecida.

Santiago, junho, 1955.

Descoberta

Passei dias no escritório lendo coisas, escrevendo coisas, discutindo coisas, telefonando, providenciando, funcionando. E enquanto isso, ela invadia a bela República do Chile e dançava e sorria por todos os campos, entre a Cordilheira e o Mar. Ela havia chegado, e eu não a vira, a Primavera.

Árvores carregadas de flores; a brisa espalhando no ar leves painas, pólens, sementes de amor. Que verde alegre, vivo, de folhas novas! Mas o campo de trigo novo está brilhando ao sol com mil flores amarelas. Pergunto ao lavrador que trabalha como se chamam essas flores lindas que nascem no trigal. Ele me olha com admiração por ver um homem tão ignorante e responde: *yuyo*. Tenho um ataque de inteligência e traduzo: "joio".

É o joio, eterno irmão do trigo, irmão pobre e ruim que é preciso separar do irmão rico e bom. "Separar o joio do trigo..."

Mas não agora, no começo de outubro; irmão joio é que estende o tapete dourado para que a Primavera venha bailar ao sol, na República do Chile.

Santiago, outubro, 1955

As Luvas

Só ontem o descobri, atirado atrás de uns livros, o pequeno par de luvas pretas. Fiquei um instante a imaginar de quem poderia ser, e logo concluí que sua dona é aquela mulher miúda, de risada clara e brusca e lágrimas fáceis, que veio duas vezes, nunca me quis dar o telefone nem o endereço, e sumiu há mais de uma semana. Sim, suas mãos são assim pequenas, e na última noite ela estava vestida de escuro, os cabelos enrolados no alto da cabeça. Revejo-a se penteando, com três grampos na boca; lembro-me de seu riso e também de suas palavras de melancolia no fim da aventura banal. Eu quis ser cavalheiro, sair, levá-la em casa. Ela aceitou apenas que eu chamasse um táxi pelo telefone, e que a ajudasse a vestir o capote; disse que voltaria...

Talvez telefone outro dia, e volte; talvez, como aconteceu uma vez, entre suas duas visitas, fique aborrecida por me telefonar em uma tarde em que tenho algum compromisso para a noite. "A verdade" — me lembro dessas palavras de uma tristeza banal — "é que a gente procura uma aventura assim para ter uma coisa bem fugaz, sem compromisso, quase sem sentimento; mas ou acaba decepcionada ou sentimental..." Lembrei-lhe a letra de uma velha música americana: "*I am getting sentimental over you.*" Ela riu, conhecia a canção, cantarolou-a um instante, e como eu a olhasse com um grande carinho meio de brincadeira, meio a sério, me declarou que eu não era obrigado a fazer essas caras para ela, e dispensava perfeitamente qualquer gentileza e me detestaria se eu quisesse ser falso e gentil. Juntou, quase nervosa, que também não lhe importava o que eu pudesse pensar a seu respeito; e que mesmo que pensasse o pior, eu teria razão; que eu tinha todo o direito de achá-la fácil e leviana, mas só não tinha o direito de tentar fazê-la de tola. Que mania que os homens têm...

Interrompi-a. Que ela, pelo amor de Deus, não me falasse mal dos homens; que isso era muito feio; e que a seu respeito eu achava apenas que era uma flor, um anjo "*y muy buena moza*".

Meu bom humor fê-la sorrir. Na hora de sair disse que ia me dizer uma coisa, depois resolveu não dizer. Não insisti. "Telefono." E não a vi mais.

Com certeza não a verei mais, e não ficaremos os dois nem decepcionados nem sentimentais, apenas com uma vaga e suave lembrança um do outro, lembrança que um dia se perderá.

Pego as pequenas luvas pretas. Têm um ar abandonado e infeliz, como toda luva esquecida pelas mãos. Os dedos assumem gestos sem alma e todavia tristes. É extraordinário como parecem coisas mortas e ao mesmo tempo ainda carregadas de toda a tristeza da vida. A parte do dorso é lisa; mas pelo lado de dentro ficaram marcadas todas as dobras das falanges, ficaram impressas, como em Verônica, as fisionomias dos dedos. É um objeto inerte e lamentável, mas tem as rugas da vida, e também um vago perfume.

O telefone chama. Vou atender, levo maquinalmente na mão o par de luvas. A voz é de mulher e hesito um instante, comovido. Mas é apenas a senhora de um amigo que me lembra o convite para o jantar. Visto-me devagar, e quando vou saindo vejo sobre a mesa o par de luvas. Seguro-o um instante como se tivesse na mão um problema; e o atiro outra vez para trás dos livros, onde estavam antes.

Santiago, outubro, 1955.

Esquina

Mandei um telegrama para o Brasil me demitindo. Agora estou sozinho em minha sala, no sétimo andar, olhando o movimento da Rua Agustinas, lá embaixo. São sete horas, e o sol primaveril ainda é vivo e alegre; pela esquina de Ahumada flui a multidão. E eu compreendo que vou ter saudade desta rua, desta esquina, desta cidade.

"*Le gusta Chile? Se acostumbra?*" — São as perguntas ingênuas que todo chileno faz ao forasteiro. Respondo agora: sim, eu gosto do Chile; eu estava me acostumando com o Chile. Não será um fato raro; tenho carinho por muitas cidades, me comovo à toa pensando numa rua de Cachoeiro, numa ponte de Paris, numa fonte de Roma. E me acostumar até hoje só não me acostumei com cadeia.

Mas um amor não tem nada a ver com outro; dentro do meu coração multifiel, Santiago ficará como a lembrança da mulher muito linda que só me fez bem. Aqui vivi muitos meses, e não deixo nem levo nenhum amor. Amizades, sim; ternuras, muitas.

E agora, que me disponho a partir, essas ternuras se fazem mais doces. Penso principalmente em duas ou três pessoas e me pergunto, com melancolia, se meu destino não seria amar longamente essa moça alta, bela e simples que me fez estremecer desde o primeiro instante em que a vi — ou aquela outra de testa séria e nome inglês a quem deixo como herança meu cavalete de aluno de desenho.

Vou-me. Esquecerei, com certeza, seus nomes; tenho a triste experiência dos homens maduros e viajados e, como sempre, no fundo do velho coração cigano, sinto aquela estranha, indefinível, amarga volúpia de partir. Olho lá embaixo a esquina de Agustinas e Ahumada fervilhando de gente no fim da tarde de ouro. Um homem, entre centenas, dobra a esquina, some-se, no rumo de seu destino banal. Aquele homem sou eu — e do alto de minha janela solitária eu me despeço dele com um olhar em que talvez haja alguma pena.

Santiago, janeiro, 1956.

Os Amigos na Praia

Éramos três velhos amigos na praia quase deserta. O sol estava bom; e o mar, violento. Impossível nadar: as ondas rebentavam lá fora, enormes, depois avançavam sua frente de espumas e vinham se empinando outra vez, inflando, oscilantes, túmidas, azuis, para poucar de súbito na praia. Mal a gente entrava no mar a areia descaía de chofre; quase a pique, para uma bacia em que não dava pé; alguns metros além havia certamente uma plataforma de areia onde o mar estourava primeiro. Demos alguns mergulhos, apanhamos fortes lambadas de onda e nos deixamos ficar conversando na praia; o sol estava bom.

Éramos três velhos amigos e cada um estava tão à vontade junto dos outros que não tínhamos o sentimento de estar juntos, apenas estávamos ali. Talvez há 10 ou 15 anos tivéssemos estado os três ali, ou em algum outro lugar da praia, conversando talvez as mesmas coisas. Certamente éramos os três mais magros, nossos cabelos eram mais negros... Mas que nos importava isso agora? Cada um vivera para seu lado: às vezes um cruzara com outro em alguma cidade e então possivelmente teria perguntado pelo terceiro. Meses, talvez anos, podem haver passado sem que os três se vissem ou se escrevessem; mas aqui estamos juntos tão à vontade como se todo o tempo tivéssemos feito isso.

Falamos de duas ou três mulheres, rimos cordialmente das coisas de outros amigos ("aquela vez que o Di chegou de S. Paulo..." "o Joel outro dia me telefonou de noite...") mas nossa conversa era leve e tranquila como a própria manhã, era uma conversa tão distraída como se cada um estivesse pensando em voz alta suas coisas mais simples. Às vezes ficávamos sem dizer nada, apenas sentindo a sol no corpo molhado, olhando o mar, à toa. Éramos três animais já bem maduros a entrar e sair da água muito salgada, tendo prazer em estar ao sol. Três bons animais em paz, sem malícia nem vaidade nenhuma, gozando o vago conforto de estarem vivos e estarem juntos respirando o vento limpo do mar — como três cavalos, três bois, três bichos mansos debaixo do céu azul. E tão sossegados e tão inocentes, que, se Deus nos visse por acaso lá de cima, certamente murmuraria apenas — "lá estão aqueles três" — e pensaria em outra coisa.

Rio, março, 1956.

A Presença

Um telefonema apenas cordial, a que atendo com naturalidade — mas por que, depois, esse indefinível tremor íntimo, essa remota noção de que representei uma cena sob o efeito do hipnotismo, esse indizível susto? Sou um homem tranquilo, e minha vida está tranquila; ouço essa voz, esse nome, e pronto! — começo a agir como se eu trabalhasse em um filme a que eu mesmo estivesse assistindo. Represento meu papel de maneira normal e faço o papel de um homem normal; mas há um outro eu invisível que é aqualouco, patinador sobre arco-íris, menino tonto, Hamlet, palerma, patético. Enquanto eu digo uma coisa sensata esse meu fantasma se entrega a um silencioso desvario, ou recita versos antigos, voa como um anjo, soluça. Posso contemplá-lo com frieza, criticá-lo, ter pena dele; evito que ele influa no mais mínimo em minha conduta real; quando ele tem um impulso de falar ao telefone eu me ponho tranquilamente a descascar uma laranja ou fazer ponta em um lápis; e sem minhas mãos, sem meu corpo, ele não pode fazer nada. Resolvo ignorá-lo e chego a esquecê-lo durante semanas, meses; mas quando surge a Presença ele salta ao meu lado, sob uma luz sobrenatural, absurdo e infantil.

Não estou apaixonado; meu comércio sentimental com as outras criaturas corre normal, com suas alegrias e tristezas. Não estou apaixonado, mas posso ver a face da Paixão. E por um instante fico parado, mudo, como quem ouvisse, no fundo da noite, o sussurro das estrelas, e o reconhecesse.

Rio, março, 1956.

Os Portugueses e o Navio

Antonio Maria contou que uma vez ia num táxi guiado por um chofer português velho, bigodudo, calado, de cara triste. Quando o carro chegou à praia o chofer viu um barco e exclamou, apontando com o braço esticado, os olhos brilhantes, num tom de descoberta, desafio e alegria:

— Olha o navio pequenino!

Essa fascinação dos portugueses pelos navios me salvou a tarde de ontem. Eu tinha de ir à Alfândega e, portanto, passar pela Praça Mauá. O português do volante vinha praguejando contra o calor, contra os outros carros, contra tudo. Antes dele eu vi o *Vera Cruz* encostado no cais, e disse: "Olhe o *Vera Cruz*, que navio bonito!" Ele recebeu isso como um elogio pessoal e começou a falar do navio com entusiasmo, até conhecia um maquinista de bordo e visitara todo o gigante: "tem oito andares, mas tem elevador!"

Pelas cinco e pouco, ao voltar para casa, me tocou outro volante português. Na altura do Flamengo divisei o navio, que marchava para a saída da barra, e resolvi elogiar novamente o barco, para ver o efeito. Foi maravilhoso. "É realmente, é realmente, é um belo navio!" Fiz notar que o Brasil não tinha nenhum navio de passageiros tão grande e tão bonito, e isso animou ainda mais o homem. Acabou confessando que em sua opinião não era somente o Brasil que não possuía um navio assim: país nenhum do mundo. Os ingleses, os americanos, os franceses, os italianos têm bons navios, sim, bons navios, mas nenhum tão bonito. "O senhor não acha?" Desconversei, "esse aí eu vou ver passar de minha janela em Ipanema". Discordou: o navio tinha grande velocidade e cortava muito caminho por onde ia. Discutimos um pouco, eu jogando no táxi dele, e ele apostando no navio.

Em Copacabana voltamos a ver o barco, na altura da Cotunduba. Fiz-lhe ver que eu estava ganhando a aposta: "já passamos na frente". Ele balançou a cabeça: "agora é que ele vai desenvolver a velocidade".

Na Vieira Souto ele teve de se render à evidência: o navio mal apontava no Arpoador e nós já estávamos perto do Posto 8. Mas arrumou uma explicação: "o comandante mandou tocar devagar para os passageiros verem a paisagem". Fiz uma reflexão:

— Quer dizer que é assim: o navio a ver a paisagem e a paisagem a ver o navio.

E graças a isso, quando lhe paguei a corrida ele me perguntou se eu era poeta: "isto que o senhor disse eu vou repetir à patroa".

O casal de portugueses da portaria conversava com o porteiro do lado e o zelador do edifício da frente, todos portugueses. Dei a notícia: "o *Vera Cruz* está passando lá no mar."

O *Vera Cruz*! O *Vera Cruz*! E saíram todos para a praia; no caminho arrebanharam mais um português que passava:

— O *Vera Cruz*, homem, venha depressa, venha!

E lá se foram a correr, os pedros álvares cabrais.

Rio, março, 1956.

O Padeiro

Levanto cedo, faço minhas abluções, ponho a chaleira no fogo para fazer café e abro a porta do apartamento — mas não encontro o pão costumeiro. No mesmo instante me lembro de ter lido alguma coisa nos jornais da véspera sobre a "greve do pão dormido". De resto não é bem uma greve, é um *lock-out*, greve dos patrões, que suspenderam o trabalho noturno; acham que obrigando o povo a tomar seu café da manhã com pão dormido conseguirão não sei bem o que do governo.

Está bem. Tomo o meu café com pão dormido, que não é tão ruim assim. E enquanto tomo café vou me lembrando de um homem modesto que conheci antigamente. Quando vinha deixar o pão à porta do apartamento ele apertava a campainha, mas, para não incomodar os moradores, avisava gritando:

— Não é ninguém, é o padeiro!

Interroguei-o uma vez: como tivera a ideia de gritar aquilo?

"Então você não é ninguém?"

Ele abriu um sorriso largo. Explicou que aprendera aquilo de ouvido. Muitas vezes lhe acontecera bater a campainha de uma casa e ser atendido por uma empregada ou outra pessoa qualquer, e ouvir uma voz que vinha lá de dentro perguntando quem era; e ouvir a pessoa que o atendera dizer para dentro: "não é ninguém, não, senhora, é o padeiro". Assim ficara sabendo que não era ninguém...

Ele me contou isso sem mágoa nenhuma, e se despediu ainda sorrindo. Eu não quis detê-lo para explicar que estava falando com um colega, ainda que menos importante. Naquele tempo eu também, como os padeiros, fazia o trabalho noturno. Era pela madrugada que deixava a redação de jornal, quase sempre depois de uma passagem pela oficina — e muitas vezes saía já levando na mão um dos primeiros exemplares rodados, o jornal ainda quentinho da máquina, como pão saído do forno.

Ah, eu era rapaz, eu era rapaz naquele tempo! E às vezes me julgava importante porque no jornal que levava para casa, além de reportagens ou notas que eu escrevera sem assinar, ia uma crônica ou artigo com o meu nome. O jornal e o pão estariam bem cedinho na porta de cada lar; e dentro do meu coração eu recebi a lição de humildade daquele homem entre todos útil e entre todos alegre; "não é ninguém, é o padeiro!"

E assobiava pelas escadas.

Rio, maio, 1956.

A Moça

Líamos juntos um poema de Vinicius de Moraes. Esbarraste na palavra "báratro" e pronunciaste "barátro", perguntando: "o que é?" Eu corrigi tua pronúncia, mas não soube explicar o sentido exato: "é alguma coisa como oceano ou labirinto... Vamos ver no dicionário".

Era abismo, precipício, inferno. E rimos muito.

Depois eu te ensinei a teoria de dormir na rede, e te emprestei a palavra "ruivas" para ficar no teu poema no lugar de "fulvas". (Tratava-se de formigas.)

Então eu te levei ao Arpoador e subimos até o alto. E te ofereci num gesto largo todo o oceano com suas ilhas e todo o céu com seus ventos; porém, estavas triste; digna e triste como olvidada princesa belga.

E me disseste: "Sou o anjo duvidoso." E eu disse: "Que és anjo não tenho dúvida alguma, está na cara; mas duvidoso, talvez."

Bebias muita água; e trincava nos dentes a pastilha da felicidade, invenção americana. Eu recusei: "Não; é verdade que estou meio triste, mas não tem importância, é uma tristezinha maneira; vou tocando assim mesmo."

E fomos tocando pela tarde e pela noite, de um lado e outro, como se estivéssemos procurando uma pessoa amiga, uma pessoa que procurávamos há tanto tempo que já havíamos esquecido quem era mesmo. E não tinha importância. De repente ficaste mais minha amiga e me contaste coisas amargas. Eu mirei tua boca, teus olhos e tua testa com um profundo respeito.

Rio, junho, 1956.

O PESSOAL

Chega o velho carteiro e me deixa uma carta. Quando se vai afastando eu o chamo: a carta não é para mim. Aqui não mora ninguém com este nome, explico-lhe. Ele guarda o envelope e coça a cabeça um instante, pensativo:

— O senhor pode me dizer uma coisa? Por que é que agora há tanta carta com endereço errado? Antigamente isso acontecia uma vez ou outra. Agora, não sei o que houve...

E abana a cabeça, em um gesto de censura para a humanidade que não se encontra mais, que envia mensagens inúteis para endereços errados.

Sugiro-lhe que a cidade cresce muito depressa, que há edifícios onde havia casinhas, as pessoas se mudam mais que antigamente. Ele passa o lenço pela testa suada:

— É, isso é verdade... Mas reparando bem o senhor vê que o pessoal anda muito desorientado. O pessoal anda muito desorientado...

E se foi com seu maço de cartas, abanando a cabeça. Fiquei na janela, olhando a rua à toa numa tristeza indefinível. Um amigo me telefona, pergunta como vão as coisas. E não consigo resistir:

— Vão bem, mas o pessoal anda muito desorientado.

(O que, aliás, é verdade.)

Rio, janeiro, 1957.

O Presidente Voador

Olhem, para falar verdade, eu acho bom essa coisa de viver o nosso presidente a esvoaçar para um lado e outro do Brasil. Não sei por que, mas anima o interior e conforta o país, esse presidente volante que sorri cada dia em um município, dá abraços, come seu frango ao molho pardo e angu, inaugura um troço qualquer, diz coisas otimistas. Na minha opinião isso só pode exaltar, como é uso dizer agora.

O Brasil já é de natural triste, com sua gente perdida pelas imensidões melancólicas; ficaria pior com um presidente casmurro e imóvel dentro do Palácio.

A oposição, que é mal-humorada por princípio, diz que assim o presidente não tem tempo para se concentrar no estudo de nossos problemas, não pode governar.

Por mim, eu prefiro um presidente voando a dois na mão. Voando, ele é um anjo federal, que não faz mal a ninguém, obriga a festinhas com banda de música e champanha. Sempre sobram uns docinhos para as crianças.

Ah, eu fui criança no interior e jamais peguei sequer uma visita de presidente do Estado; lembro-me, entretanto, de minha alegria quando apareceu lá em Cachoeiro o secretário da Educação do Estado. Era o velho Ubaldo Ramalhete, alto, ereto, bem-vestido. Foi a primeira personalidade que eu vi. E achei ótimo aquilo, os foguetes na estação, a formatura do Grupo Escolar e das escolas, nós todos ali, e banda de música, Hino Nacional, guaraná grátis, o prefeito, o juiz, todos os locais bem vestidos, cumprimentando, sorrindo, dizendo por favor, por obséquio, tenha a bondade, vossa excelência, todos felizes. E quando Sua Excelência falou de Cachoeiro de Itapemirim só disse coisas a nosso favor, senti-me importante pela importância de minha cidade indubitavelmente ou inquestionavelmente (não me lembro mais, era um desses advérbios de modo assim bonitos, um advérbio de discurso) um grande centro progressista industrial cultural, outros adjetivos em al, e uma alusão delicada ao sorriso e à graça da mulher cachoeirense.

Ubaldo Ramalhete, que mais tarde conheci melhor, era um homem inteligente e fino; mas que não fosse, fosse quem fosse — era um secretário de Estado, uma personalidade, uma excelência; imaginem se fosse Presidente da República!

Por que roubar uma alegria tão grande às crianças humildes do interior do Brasil? E os senhores da oposição têm certeza de que seria melhor para o Brasil se o doutor Juscelino voasse menos e pensasse mais? Tenho minhas dúvidas.

Voai, presidente, voai!

Rio, janeiro, 1957.

A Casa

Outro dia eu estava folheando uma revista de arquitetura. Como são bonitas essas casas modernas; o risco é ousado e às vezes lindo, as salas são claras, parecem jardins com teto, o arquiteto faz escultura em cimento armado e a gente vive dentro da escultura e da paisagem.

Um amigo meu quis reformar seu apartamento e chamou um arquiteto novo.

O rapaz disse: "vamos tirar esta parede e também aquela; você ficará com uma sala ampla e cheia de luz. Esta porta podemos arrancar; para que porta aqui? E esta outra parede vamos substituir por vidro; a casa ficará mais clara e mais alegre." E meu amigo tinha um ar feliz.

Eu estava bebendo a um canto, e fiquei em silêncio. Pensei nas casinhas que vira na revista e na reforma que meu amigo ia fazer em seu velho apartamento. E cheguei à conclusão de que estou velho mesmo.

Porque a casa que eu não tenho, eu a quero cercada de muros altos, e quero as paredes bem grossas e quero muitas paredes, e dentro da casa muitas portas com trincos e trancas; e um quarto bem escuro para esconder meus segredos e outro para esconder minha solidão.

Pode haver uma janela alta de onde eu veja o céu e o mar, mas deve haver um canto bem sossegado em que eu possa ficar sozinho, quieto, pensando minhas coisas, um canto sossegado onde um dia eu possa morrer.

A mocidade pode viver nessas alegres barracas de cimento, nós precisamos de sólidas fortalezas; a casa deve ser antes de tudo o asilo inviolável do cidadão triste; onde ele possa bradar, sem medo nem vergonha, o nome de sua amada: Joana, JOANA! — certo de que ninguém ouvirá; casa é o lugar de andar nu de corpo e de alma, e sítio para falar sozinho.

Onde eu, que não sei desenhar, possa levar dias tentando traçar na parede o perfil de minha amada, sem que ninguém veja e sorria; onde eu, que não sei fazer versos, possa improvisar canções em alta voz para o meu amor; onde eu, que não tenho crença, possa rezar a divindades ocultas, que são apenas minhas.

Casa deve ser a preparação para o segredo maior do túmulo.

Rio, maio, 1957.

Fim de Semana na Fazenda

São fazendas dos fins do século passado, não mais. Seus donos ainda estão lá; já não se balançam, é verdade, nas cadeiras austríacas da varanda; nem ouvem a partida desse bando de maritacas que se muda para o morro do outro lado da várzea.

Ou talvez ouçam, quem sabe. Mas estão hirtos dentro de suas molduras, nas paredes da sala. Assim, rígidos, pintados a óleo, eles parecem reprovar nossos uísques e nossas conversas. Mas eis que Mário Cabral toca o *Corta-Jaca* no velho piano de cauda, e creio que eles gostam, talvez achem uma interessante novidade musical vinda da Corte. Mário ataca uma velha música francesa — *Solitude* — e creio bem que vi, ou senti, a senhora viscondessa suspirar de leve.

Ah, senhora viscondessa! Que solidão irremediável não sentis dentro de vossas grossas molduras douradas. Olhais para a frente, dura, firme. Lá fora as mangueiras e jabuticabeiras estão floridas, na pompa da manhã. Um beija-flor azul corta o retângulo da janela no seu voo elétrico e se imobiliza no ar, zunindo; insetos zumbem; a menina da casa passa no cavalo em pelo, a galope. Onde está vosso belo silhão? Onde está o senhor visconde?

Ele está em outra parede, também duro, de uniforme e espada, e seu casaco militar tem um pendão de penas de tucano. Não olha a esposa. Os dois não se olham. Alguma intriga? Não. Apenas eles estão cansados de estar casados, cansados de estar mortos, cansados de estar pintados, cansados de estar emoldurados e pendurados — e tão cansados e enfadados que há mais de sessenta anos não chupam uma só jabuticaba, sequer.

Se eu dissesse que cantava, mentiria. Não cantava. Estava quieto; demorou-se algum tempo, depois partiu.

Mas eu presto meu depoimento perante a História. Eu vi. Era um sabiá, e pousou no alto da palmeira. "Minha terra tem palmeiras onde canta o sabiá." Não cantou. Ouviu o canto de outro sabiá que cantava longe, e partiu.

Era um sabiá-laranjeira, de peito cor de ferrugem; pousou numa palmeira cheia de cachos de coquinhos, perto da varanda. Ouviu um canto distante, que vinha talvez dos pés de mulungu. Sabeis, naturalmente: é agosto e os mulungus estão floridos, estão em pura flor, cada um é uma grande chama cor de tijolo. Foi de lá que veio um canto saudoso, e meu sabiá-laranjeira partiu.

Mas ele estava pousado na palmeira. Descansa em paz nas ondas do mar, meu velho Antônio Gonçalves Dias; dorme no seio azul de Iemanjá, Antônio. Ainda há sabiás nas palmeiras, ainda há esperança no Brasil.

Vamos pela estrada, e de vez em quando divisamos a sede de uma fazenda. Esses fazendeiros das margens do Rio Preto e do Paraibuna eram todos barões, pelo menos. E tanto mais fidalgos quanto maiores suas senzalas e seus terreiros de café. Diante das casas plantavam palmeiras imperiais.

As enxurradas arrastaram o húmus de seus cafezais, abriram voçorocas; os negros libertos viraram erosão social e as casas imensas ficaram mal-assombradas. Restaram os morros de pasto, hoje pintalgados de vacas holandesas. Dentro das capoeiras altas os pés de café velho se escondem, como árvores nativas; viraram mato. Agora, de vez em quando, um bisneto derruba o mato, planta café novo, com mão de obra cara e difícil. Revejo com alegria essa eterna paisagem de minha infância, os morros penteados de cafezais, entre rios tortos. Mas as novas gerações não aprenderam nada e não esqueceram nada. Os cafeeiros continuam a ser plantados morro acima, sem obedecer à curva de nível, sem nenhuma defesa contra as águas precípites dos temporais estrondosos de verão. O penoso trabalho de meio século da natureza vai ser outra vez desperdiçado; voltamos a plantar decadência.

Ah, no lugar de palmeiras imperiais refaçam suas aleias com palmeiras finas e líricas de palmitos. Assim pelo menos os seus netos cortarão as palmeiras e comerão os palmitos, antes de partir definitivamente para um emprego em qualquer iapeteque.

Mas ainda há cercas vivas de bambu, no lombo dos morros. Ainda há céu; ainda acontecem nuvens de leite nas amplas tardes morenas. E os rios, talvez mais magros, continuam a rolar entre pedras sob os ramos pensativos das ingazeiras pardas e verdes. E nos beirais continua a haver andorinhas.

Passo a tarde à toa, à toa como o poeta, vendo andorinhas. Amo seu azul metálico, a elegância aguda de suas asas em voo, seu chalrear álacre dos mergulhos enviesados, quando caçam insetos. Onde vivia a andorinha, no tempo que não havia casas? Ela é amiga da casa do homem. Arquiteto, meu amigo arquiteto, nenhuma casa é funcional se não tiver lugar para a andorinha fazer seu ninho.

Mas é na casa da fazenda que a andorinha está à vontade. Melhor do que nessas casas imensas dos coronéis e dos velhos barões, elas só se dão mesmo nas grandes casas de Deus, as velhas igrejas escuras e úmidas que elas povoam de vida e de inquietação. Nenhuma outra ave do céu é mais católica.

É noite na fazenda; e a lua nasce, atrás do morro. Fico sozinho na varanda assistindo com uma vaga, irracional emoção, a esse antigo mistério. Luar, amar... Seria preciso amar alguém, talvez aquela sinhá tão moça e tão antiga, cujo retrato está no salão de jogos. A mesma que aparece com seus quarenta e cinco anos, ainda bela, no quadro ao lado. Essa já viveu na República. Ouvi contar suas histórias. Era mesmo linda, e foi feliz; o marido a adorava.

Ah, se eu fosse daquele tempo ela não seria minha, a bela sinhá. Ela seria a moça fazendeira e eu seria um colono pobre e feio, sempre meio barbudo e calado.

Penso de repente essa coisa triste, triste, e deixo a varanda, abandono a lua, regresso ao governo Kubitschek.

Estado do Rio, setembro, 1957.

Sobre o Amor, Desamor

Chega a notícia de que um casal de estrangeiros, nosso amigo, está se separando. Mais um! É tanta separação que um conhecido meu, que foi outro dia a um casamento grã-fino, me disse que, na hora de cumprimentar a noiva, teve a vontade idiota de lhe desejar felicidades "pelo seu primeiro casamento".

E essas notícias de separação muito antes de sair nos jornais correm com uma velocidade espantosa. Alguém nos conta sob segredo de morte, e em três ou quatro dias percebemos que toda a cidade já sabe — e ninguém morre por causa disso.

Uns acham graça em um detalhe ou outro. Mas o que fica, no fim, é um ressaibo amargo — a ideia das aflições e melancolias desses casos.

Ah, os casais de antigamente! Como eram plácidos e sábios e felizes e serenos...

(Principalmente vistos de longe. E as angústias e renúncias, e as longas humilhações caladas? Conheci um casal de velhos bem velhinhos, que era doce ver — os dois sempre juntos, quietos, delicados. Ele a desprezava. Ela o odiava.)

Sim, direis, mas há os casos lindos de amor para toda a vida, a paixão que vira ternura e amizade. Acaso não acreditais nisso, detestável Braga, pessimista barato?

E eu vos direi que sim. Já me contaram, já vi. É bonito. Apenas não entendo bem por que sempre falamos de um caso assim com uma ponta de pena. ("Eles são tão unidos, coitados.") De qualquer modo, é mesmo muito bonito; consola ver. Mas, como certos quadros, a gente deve olhar de uma certa distância.

"Eles se separaram" pode ser uma frase triste, e às vezes nem isso. "Estão se separando" é que é triste mesmo.

Adultério devia ser considerado palavra feia, já não digo pelo que exprime, mas porque é uma palavra feia. *Concubina* também. *Concubinagem* devia ser simplesmente riscada do dicionário; é horrível.

Mas do lado legal está a pior palavra: cônjuge. No dia em que uma mulher descobre que o homem, pelo simples fato de ser seu marido, é seu *cônjuge*, coitado dele.

Mas no meio de tudo isso, fora disso, através disso, apesar disso tudo — há o amor. Ele é como a lua, resiste a todos os sonetos e abençoa todos os pântanos.

Rio, setembro, 1957.

São Cosme e São Damião

Escrevo no dia dos meninos. Se eu fosse escolher santos, escolheria sem dúvida nenhuma São Cosme e São Damião, que morreram decapitados já homens feitos, mas sempre são representados como dois meninos, dois gêmeos de ar bobinho, na cerâmica ingênua dos santeiros do povo.

São Cosme e São Damião passaram o dia de hoje visitando os meninos que estão com febre e dor no corpo e na cabeça por causa da asiática, e deram muitos doces e balas aos meninos sãos. E diante deles sentimos vontade de ser bons meninos e também de ser meninos bons. E rezar uma oração.

"São Cosme e São Damião, protegei os meninos do Brasil, todos os meninos e meninas do Brasil.

Protegei os meninos ricos, pois toda a riqueza não impede que eles possam ficar doentes ou tristes, ou viver coisas tristes, ou ouvir ou ver coisas ruins.

Protegei os meninos dos casais que se separam e sofrem com isso, e protegei os meninos dos casais que não se separam e se dizem coisas amargas e fazem coisas que os meninos veem, ouvem, sentem.

Protegei os filhos dos homens bêbados e estúpidos, e também os meninos das mães histéricas ou ruins.

Protegei o menino mimado a quem os mimos podem fazer mal e protegei os órfãos, os filhos sem pai, e os enjeitados.

Protegei o menino que estuda e o menino que trabalha, e protegei o menino que é apenas moleque de rua e só sabe pedir esmola e furtar.

Protegei ó São Cosme e São Damião! — protegei os meninos protegidos pelos asilos e orfanatos, e que aprendem a rezar e obedecer e andar na fila e ser humildes, e os meninos protegidos pelo SAM, ah! São Cosme e São Damião, protegei muito os pobres meninos protegidos!

E protegei sobretudo os meninos pobres dos morros e dos mocambos, os tristes meninos da cidade e os meninos amarelos e barrigudinhos da roça, protegei suas canelinhas finas, suas cabecinhas sujas, seus pés que podem pisar em cobra e seus olhos que podem pegar tracoma — e afastai de todo perigo e de toda maldade os meninos do Brasil, os louros e os escurinhos, todos os milhões de meninos deste grande e pobre e abandonado meninão triste que é o nosso Brasil, ó Glorioso São Cosme, Glorioso São Damião!"

Rio, setembro, 1957.

A Primeira Mulher do Nunes

Hoje, pela volta do meio-dia, fui tomar um táxi naquele ponto da Praça Serzedelo Correia, em Copacabana. Quando me aproximava do ponto notei uma senhora que estava sentada em um banco, voltada para o jardim; nas extremidades do banco estavam sentados dois choferes, mas voltados em posição contrária, de frente para o restaurante da esquina. Enquanto caminhava em direção a um carro, reparei, de relance, na senhora. Era bonita e tinha ar de estrangeira; vestia-se com muita simplicidade, mas seu vestido era de um linho bom e as sandálias cor de carne me pareceram finas. De longe podia parecer amiga de um dos motoristas; de perto, apesar da simplicidade de seu vestido, sentia-se que nada tinha a ver com nenhum dos dois. Só o fato de se ter sentado naquele banco já parecia indicar tratar-se de uma estrangeira, e não sei por que me veio a ideia de que era uma senhora que nunca viveu no Rio, talvez estivesse em seu primeiro dia de Rio de Janeiro, entretida em ver as árvores, o movimento da praça, as crianças que brincavam, as babás que empurravam carrinhos. Pode parecer exagero que eu tenha sentido isso tudo de relance, mas a impressão que tive é que ela tinha a pele e os cabelos muito bem tratados para não ser uma senhora rica ou pelo menos de certa posição; deu-me a impressão de estar fruindo um certo prazer em estar ali, naquele ambiente popular, olhando as pessoas com um ar simpático e vagamente divertido; foi o que me pareceu no rápido instante em que nossos olhares se encontraram.

Como o primeiro chofer da fila alegasse que preferia um passageiro para o Centro, pois estava na hora de seu almoço, e os dois carros seguintes não tivessem nenhum chofer aparente, caminhei um pouco para tomar o que estava em quarto lugar. Tive a impressão de que a senhora se voltara para me olhar. Quando tomei o carro e fiquei novamente de frente para ela, e enquanto eu murmurava para o chofer o meu rumo — Ipanema —, notei que ela desviava o olhar; o carro andara apenas alguns metros e, tomado de um pressentimento, eu disse ao chofer que parasse um instante. Ele obedeceu. Olhei para a senhora, mas ela havia voltado completamente a cabeça. Mandei tocar, mas enquanto o velho táxi rolava lentamente ao longo da praia eu fui possuído pela certeza súbita e insistente de que acabara de ver a primeira mulher do Nunes.

— Você precisa conhecer a primeira mulher do Nunes — me disse uma vez um amigo.

— Você precisa conhecer a primeira mulher do Nunes — me disse outra vez outro amigo.

Isso aconteceu há alguns anos, em São Paulo, durante os poucos meses em que trabalhei com o Nunes. Eu conhecera sua segunda mulher, uma morena bonitinha, suave, quieta — pois ele me convidara duas vezes a jantar em sua casa. Nunca me falara de sua primeira mulher, nem sequer de seu primeiro casamento. O Nunes era pessoa de certo destaque em sua profissão e afinal de contas um homem agradável, embora não brilhante; notei, entretanto, que sempre que alguém me falava dele era inevitável uma referência à sua primeira mulher.

Um casal meu amigo, que costumava passar os fins de semana em uma fazenda, convidou-me certa vez a ir com eles e mais um pequeno grupo. Aceitei, mas no sábado fui obrigado a telefonar dizendo que não podia ir. Segunda-feira, o amigo que me convidara me disse:

— Foi pena você não ir. Pegamos um tempo ótimo e o grupo estava divertido. Quem perguntou muito por você foi a Marissa.

— Quem?

— A primeira mulher do Nunes.

— Mas eu não conheço...

— Sei, mas eu havia dito a ela que você ia. Ela estava muito interessada em conhecer você.

A essa altura eu já sabia várias coisas a respeito da primeira mulher do Nunes; que era linda, inteligente, muito interessante, um pouco estranha, judia italiana, rica, tinha os cabelos castanhos claros e os olhos verdes e uma pele maravilhosa — "parece que está sempre fresquinha, saindo do banho", segundo a descrição que eu ouvira.

Quando dei de mim eu estava, de maneira mais ingênua, mais tola, mais veemente, apaixonado pela primeira mulher do Nunes. Devo dizer que nessa ocasião eu emergia de um caso sentimental arrasador — um caso que mais de uma vez chegou ao drama e beirou a tragédia e em que eu mesmo, provavelmente, mais de uma vez, passei os limites do ridículo. Eu vivia sentimentalmente uma hora parda, vazia, feita de tédio e de remorso; a lembrança da história que passara me doía um pouco e me amargava muito. Além disso minha situação não era boa; alguns amigos achavam — e um teve a franqueza de me dizer isso, quando bêbado — que eu estava decadente em minha profissão. Outros diziam que eu estava bebendo demais. Enfim, tempos ruins, de moral baixa, e ainda por cima de pouco dinheiro e pequenas dívidas mortificantes. Naturalmente eu me distraía com uma ou outra historieta de amor, mas saía de cada uma ainda mais entediado. A imagem da primeira mulher do Nunes começou, assim, a aparecer-me como a última esperança, a única estrela a brilhar na minha frente. Esse sentimento era mais ou menos inconsciente, mas tomei consciência aguda dele quando soube que ela ganhara uma bolsa esplêndida para passar seis meses nos Estados Unidos. Senti-me como que roubado, traído pelo governo norte-americano. Mas a notícia veio com um convite — para o jantar de despedida da primeira mulher do Nunes.

Isso aconteceu há quatro ou cinco anos. Mudei-me de São Paulo, fiz algumas viagens, resolvi parar mesmo no Rio — e naturalmente me aconteceram coisas. Nunca mais vi o Nunes. Aliás, nos últimos tempos de nossas relações, eu me distanciara dele por um absurdo constrangimento, o pudor pueril do que ele pudesse pensar no dia em que soubesse que entre mim e sua primeira mulher... Na realidade nunca houve nada entre nós dois; nunca sequer nos avistamos. Uma banal gripe me impediu de ir ao jantar de despedida; depois eu soube que sua bolsa fora prorrogada, depois ouvi alguém dizer que a encontrara em Paris — enfim, a primeira mulher do Nunes ficou sendo um mito, uma estrela perdida para sempre em remotos horizontes e que jamais cheguei a avistar.

Talvez fosse mesmo ela que estivesse pousada hoje, pelo meio-dia, na Praça Serzedelo Correia, simples, linda e tranquila. Assim era a imagem que eu fazia dela; e tive a impressão de que seu rápido olhar vagamente cordial e vagamente irônico tentava me dizer alguma coisa, talvez contivesse uma espantosa e cruel mensagem: "Eu sei quem é você; eu sou Marissa, a primeira mulher do Nunes; mas nosso destino é não nos conhecermos jamais..."

Rio, outubro, 1957.

A Mulher Esperando o Homem

O tema da mulher esperando o homem há muito, muito tempo me fascina; sei que é velho, já serviu para sonetos, contos, páginas de romance, talvez quadro de pintura, talvez música. E eu que não sei fazer nada disso sou, entretanto, perseguido por histórias de mulher esperando homem, das mais banais às mais terríveis.

Agora mesmo, quando passou o aniversário da revolução húngara, eu me lembrei que de todos os relatos, alguns dolorosos, horríveis, de gente que fugiu da Hungria, havia o de uma mulher que contou com simplicidade sua história; e foi o que mais me impressionou quando o li, de madrugada, no meu quarto de hotel em Nova York. O marido saíra para a revolução e lhe disse que ela não saísse de casa de maneira alguma, esperasse sua volta. Chegou a noite e ele não veio; passou a noite inteira acordada, e ele não veio;

no outro dia entraram na rua tanques russos atirando, e veio outra vez a noite, e veio outro dia, e veio outra noite, e ela esperando; cochilava um pouco sentada, acordava assustada julgando ouvir os passos ou a voz dele, até que chegou por um parente a notícia de que ele morrera.

Ela então saiu de casa e — "como eu não tinha mais nada que esperar", segundo disse — fugiu para a fronteira da Áustria.

Não sei por que, achei que essa mulher sentiu um alívio ao saber que não devia esperar mais; acontecera, naturalmente, o pior. Mas a angústia de esperar cessara.

O homem ausente era como um carcereiro que a prendia no lar transformado em câmara de torturas. Ela agora estava desgraçada, mas livre.

Mas não é preciso haver guerra nem nenhum perigo; nesta madrugada em que escrevo, em Ipanema, quantas mulheres não estarão esperando os maridos? Aquela pequena luz acesa em um edifício distante é talvez o apartamento da mulher insone que já telefonou meio envergonhada para várias casas amigas perguntando pelo marido, que já olhou o relógio vinte vezes e tomou comprimido para dormir, ligou a Rádio Relógio, tentou ler uma revista velha, fumou quase um maço de cigarros.

Não importa que seja a esposa vulgar de um homem vulgar; e que no fim a história do atraso dele seja também completamente vulgar. Neste momento ela é a mulher esperando o homem; e todas as mulheres esperando seus homens se parecem no mundo, e se ligam por invisível túnel de solidariedade que atravessa as madrugadas intermináveis.

Todas: a mulher do pescador, a mulher do aviador, e a do revisor de jornal, a do milionário e a do ministro protestante...

Devia haver um santo especial para proteger a mulher esperando o homem, devia haver uma oração forte para ela rezar; ela está desamparada no centro de um mundo vazio.

Ela começa a odiar os móveis e as paredes; a torneira da pia lhe parece antipática; a geladeira, que aliás precisa ser pintada, é estúpida, porque ronca de repente e depois o silêncio é mais quieto. A cama é insuportável.

Devia haver um número de telefone especial para a mulher que está esperando o homem chamar, reclamar providências, ouvir promessas, insistir, tocar outra vez, xingar, bater com o fone. Devia haver funcionários especiais, capazes de abastecer essa mulher de esperança de quinze em quinze minutos, jurar que todas as providências já foram tomadas, "estamos seguros de que dentro de poucos minutos teremos alguma coisa a dizer à senhora...".

E diria que pelo menos no necrotério ele não está, nem no Pronto-socorro, nem em delegacia nenhuma; mas não diria isso de uma só vez, e sim através de informes espaçados, que fossem formando etapas de ansiedades, que quadriculassem lentamente a insônia.

A mulher que está esperando o homem está sujeita a muitos perigos entre o ódio e o tédio, o medo, o carinho e a vontade de vingança.

Se um aparelho registrasse tudo o que ela sente e pensa durante a noite insone, e se o homem, no dia seguinte, pudesse tomar conhecimento de tudo, como quem ouve uma gravação numa fita, é possível que ele ficasse pálido, muito pálido.

Porque a mulher que está esperando o homem recebe sempre a visita do Diabo, e conversa com ele. Pode não concordar com o que ele diz, mas conversa com ele.

Rio, novembro, 1957.

Coisas Antigas

Já tive muitas capas e infinitos guarda-chuvas, mas acabei me cansando de tê-los e perdê-los; há anos vivo sem nenhum desses abrigos, e também, como toda gente, sem chapéu. Tenho apanhado muita chuva, dado muita corrida, me plantado debaixo de muita marquise, mas resistido. Como geralmente chove à tarde, mais de uma vez me coloquei sob a proteção espiritual dos irmãos Marinho, e fiz de *O Globo* meu *paraguas* de emergência.

Ontem, porém, choveu demais, e eu precisava ir a três pontos diferentes de meu bairro. Quando o moço de recados veio apanhar a crônica para o jornal, pedi-lhe que me comprasse um chapéu de chuva que não fosse vagabundo demais, mas também não muito caro. Ele me comprou um de pouco mais de trezentos cruzeiros, objeto que me parece bem digno da pequena classe média, a que pertenço.

(Uma vez tive um delírio de grandeza em Roma e adquiri a mais fina e soberba *umbrella* da Via Condotti; abandonou-me no primeiro bar em que entramos; não era coisa para mim.)

Depois de cumprir meus afazeres voltei para casa, pendurei o guarda-chuva a um canto e me pus a contemplá-lo. Senti então uma certa simpatia por ele; meu velho rancor contra os guarda-chuvas cedeu lugar a um estranho carinho, e eu mesmo fiquei curioso de saber qual a origem desse carinho.

Pensando bem, ele talvez derive do fato, creio que já notado por outras pessoas, de ser o guarda-chuva o objeto do mundo moderno mais infenso a mudanças. Sou apenas um quarentão, e praticamente nenhum objeto de minha infância existe mais em sua forma primitiva. De máquinas como telefone, automóvel, etc., nem é bom falar. Mil pequenos objetos de uso mudaram de forma, de cor, de material; em alguns casos, é verdade, para melhor; mas mudaram.

O guarda-chuva tem resistido. Suas irmãs, as sombrinhas, já se entregaram aos piores desregramentos futuristas e tanto abusaram que até caíram de moda. Ele permaneceu austero, negro, com seu cabo e suas invariáveis varetas. De junco fino ou pinho vulgar, de algodão ou de seda animal, pobre ou rico, ele se tem mantido digno.

Reparem que é um dos engenhos mais curiosos que o homem já inventou; tem ao mesmo tempo algo de ridículo e algo de fúnebre, essa pequena barraca ambulante.

Já na minha infância era um objeto de ares antiquados, que parecia vindo de épocas remotas, e uma de suas características era ser muito usado em enterros. Por outro lado, esse grande acompanhador de defuntos sempre teve, apesar de seu feitio grave, o costume leviano de se perder, de sumir, de mudar de dono. Ele na verdade só é fiel a seus amigos cem por cento, que com ele saem todo dia, faça chuva ou sol, apesar dos motejos alheios; a estes, respeita. O freguês vulgar e ocasional, este o irrita, e ele se aproveita da primeira distração para sumir.

Nada disso, entretanto, lhe tira o ar honrado. Ali está ele, meio aberto, ainda molhado, choroso; descansa com uma espécie de humildade ou paciência humana; se tivesse liberdade de movimentos não duvido que iria para cima do telhado quentar sol, como fazem os urubus.

Entrou calmamente pela era atômica, e olha com ironia a arquitetura e os móveis chamados funcionais: ele já era funcional muito antes de se usar esse adjetivo; e tanto que a fantasia, a inquietação e a ânsia de variedade do homem não conseguiram modificá-lo em coisa alguma.

Não sei há quantos anos existe a Casa Loubet, na Rua 7 de Setembro. Também não sei se seus guarda-chuvas são melhores ou piores que os outros; são bons; meu pai os comprava lá, sempre que vinha ao Rio, e herdei esse hábito.

Há um certo conforto íntimo em seguir um hábito paterno; uma certa segurança e uma certa doçura. Estou pensando agora se quando ficar um pouco mais velho não comprarei uma cadeira de balanço austríaca. É outra coisa antiga que tem resistido, embora muito discretamente. Os mobiliadores e decoradores modernos a ignoram; já se inventaram dela mil versões modificadas, mas ela ainda existe na sua graça e leveza original. É respeitável como um guarda-chuva, e intensamente familiar. A gente nova a despreza, como ao guarda-chuva. Paciência. Não sou mais gente nova; um guarda-chuva me convém para resguardo da cabeça encanecida, e talvez o embalo de uma cadeira de balanço dê uma cadência mais sossegada aos meus pensamentos, e uma velha doçura familiar aos meus sonhos de senhor só.

Rio, novembro, 1957.

Desculpem Tocar no Assunto

Vocês desculpem tocar nesse assunto, mas a verdade é que está morrendo muita gente. Outro dia peguei por acaso num antigo caderninho de endereços que estava no fundo de uma gaveta, comecei a folhear e esfriei: quanto telefone de gente que já morreu!

Eu e um amigo estivemos imaginando uma Cidade dos Mortos que funcionasse mais ou menos como esta em que vivemos: uma cidade em que estivessem vivendo os mortos nossos conhecidos, os nossos mortos. Tinha muita gente, e gente ótima; é verdade também que alguns chatos; isso faz parte. Mas havia bons companheiros de praia, bons amigos de bar, excelentes papos. Poucas, raras mulheres de nossa estima; as mulheres, pelo visto, não costumam falecer.

O pior — dizia meu amigo, e eu batia a cabeça tristemente, a concordar —, o pior é que esse "lado de lá" vai aumentando, e se a gente demorar muito por aqui acaba falando sozinho.

Outro dia vi um velho na rua; andava lentamente e movia os lábios, como quem fala para si mesmo. Devia estar conversando com algum amigo morto. A certa altura ficou quieto, com o ar contrariado de quem está ouvindo alguma coisa de que não gosta. Depois recomeçou a falar com mais veemência.

Súbito, calou-se outra vez. O morto estava lhe dizendo poucas, porém boas. Ele tinha o ar ofendido.

O pior dos mortos é que nunca telefonam. Aparecem sem avisar, sentam-se numa poltrona e começam a falar. Tocam em assuntos que já deviam estar esquecidos, e fazem perguntas demais. Subitamente fazem silêncio. Esse silêncio é constrangedor. O morto tem um ar de queixa e ao mesmo tempo um invisível sorriso de superioridade. Outro dia eu perdi a paciência com um:

— "Está bem, meu caro. Eu sei que V. tem toda razão, e a prova de sua superioridade é que V. já está morto e eu ainda não cheguei a essa fase. Mas você está me gozando e abusando um pouco de sua qualidade de morto. Sei que não devia dizer isso, devia ser mais delicado com você, mas acontece..."

Parei de falar; ele tinha sumido. Não achei isso muito fino de sua parte. Ele devia se abster de um truque assim, que eu, como vivo, não posso usar. Essa ideia não me impedia de ter certo remorso.

O que mais me irritou foi que uns quinze minutos depois ouvi sua risada no ar, perto de minha janela. Não moro em nenhum arranha-céu, apenas em um quinto andar. Mesmo assim já é abuso, um sujeito ficar parado no ar, invisível, ali fora, fingindo que já se foi.

Está visto que era um morto relativamente recente, ainda um pouco novo-rico de sua própria morte. Imagino que todo morto vai ficando um pouco mais discreto à medida que seus amigos e conhecidos também morrem. Quando não resta mais nenhum mesmo na terra é que ele começa a viver sossegado sua vida de morto.

Não tenho nada contra o espiritismo, mas não acredito muito nessa história de sujeitos que baixam em sessões de subúrbio, cem, duzentos anos depois de morrer. Acho que depois de certa idade (idade de falecido) o morto não acredita mais em espiritismo. Considera-o uma impertinência dos vivos.

Tenho poucas mortas. Mas como são queridas! O engraçado é que à medida que o tempo passa elas vão ficando um pouco parecidas, vão-se fazendo irmãs, mesmo as que jamais se conheceram. Aparecem raramente e sempre caçoam um pouco de mim, mas com um jeito de carinho. Não faz mal que não me levem muito a sério; não mereço.

Mas a verdade é que nos piores momentos de minha vida sempre senti uma imponderável mão em minha cabeça; então fecho os olhos e me entrego a esse puro carinho, sem sequer me voltar para ver se é minha mãe, minha irmã ou uma doce, infeliz amiga ou apenas a leve brisa em meus cabelos.

Rio, dezembro, 1957.

O Poema que Não Foi Aprovado

Antigamente eu tinha aqui na *Manchete*, ao lado de minha crônica, uma pequena seção chamada *A Poesia É Necessária*. Ali eu publicava toda semana um poema, quase sempre de autor novo. Depois houve mudança na direção da revista e fui informado de que a poesia não era mais necessária.

Não discuto com a direção. A prova de que a poesia não é necessária é que a revista continua crescendo, vende como pão quente, está cheia de anúncios e rendendo bela erva.

Na verdade aquela seção me fazia viver com eternos remorsos, pois recebia diariamente cartas com poemas e livros de versos de gente do Brasil inteiro (e até de Portugal e Algarve) que queria aparecer em *Manchete*. Como não podia publicar mais de um poema por semana, eu desgostava a muito mais gente do que agradava. Dez vezes, vinte vezes mais. Além disso, não respondia às cartas dos leitores-poetas, o que naturalmente só fazia aumentar minha sólida fama de sujeito antipático, mal-educado, metido a importante, "meio besta", etc.

Ah, que todos me perdoem, todos os poetas impublicados e todos os missivistas não respondidos. A eles dedico o pior poema que fiz em minha vida, e foi quando segui para a Itália como correspondente de guerra: "O pobre correspondente não era correspondido."

É tempo de Natal, sejamos todos amigos: perdoemo-nos as nossas más palavras e nossos maus versos.

Mas os poetas continuam a procurar-me. E desta vez a direção da revista que tenha paciência, vou publicar um poema. Este veio num cartão com o desenho de um sininho badalando.

"Aqui está nosso cartão
Em prova de amizade
Desejando-lhe Boas Festas
Saúde e Felicidade.

Entra ano e sai ano
Trabalhando sem cessar.
São os fiéis Lixeiros
Que vêm vos cumprimentar.

Mais um ano de trabalho
Aqui estão quem vos prestou
Apesar de bem cansados
As vossas ordens estou.

Os vossos Lixeiros
Artur, Emílio e Agenor."

Fiquei comovido, e dei 50 cruzeiros aos poetas. Foi pouco, é verdade. Mas a caixa estava fraca, nesse dia.

O pior é que o fim do ano está chegando e ainda virão outros poetas: o da tinturaria, o da padaria, o carteiro, etc. Preciso atender a todos esses poetas meus irmãos, e a caixa continua fraca. Além disso, como enfrentar essas Festas com o bar vazio, só com um restinho de *Vovó Extra* que um amigo me trouxe de Fortaleza? Ah, aqui outrora retumbaram uísques...

Tive uma ideia: telefonar para Henrique Pongetti e Fernando Sabino e propor mandar imprimir uns cartões com versos para nossos leitores. Pensei no Leon Eliachar também, mas se ele entrasse na coisa o público poderia pensar que era piada.

Redigi uns versinhos, sujeitos a críticas e sugestões, e li pelo telefone aos dois colegas. Até que os versinhos não estão maus, embora talvez um pouco baseados na lira de nossos fiéis lixeiros:

Entra ano e sai ano
Escrevendo sem cessar
São os vossos fiéis Cronistas
Que vêm vos cumprimentar
Feliz Natal e Ano Novo!

Se o uísque estiver sobrando
Lembrai-vos destes Cronistas
Que de sede estão penando:
Henrique, Rubem e Fernando.

Para minha grande surpresa os dois colegas repeliram com indignação minha ideia. Disseram que não ficava bem. Argumentei que não é justo que o padeiro ganhe festas e o cronista, afinal de contas um padeiro espiritual, não possa nem pedir. Repeliram-me em nome dos bons princípios, da boa ética — e, desconfio, um pouco também de seus maus fígados.

De qualquer maneira, para fazer a coisa sozinho eu fico sem jeito. Desisto da ideia — embora, naturalmente, eu seja incapaz de fazer uma desfeita se alguém, apesar disso, insistir em mandar uísque para a casa de um cronista pobre sim, mas soberbo, nunca!

Rio, dezembro, 1957.

Romance Policial Carioca

Primeiro Capítulo

Fritz Müller, alemão, divorciado, de 42 anos presumíveis, importador, domiciliado à Rua Cinco de Julho, 422, apt. 801, Copacabana, foi encontrado morto na cozinha de seu apartamento, com a cabeça esmagada por um instrumento contundente. A vítima, que trajava apenas calção de banho, foi encontrada em decúbito dorsal, com a cara voltada para a porta exterior da cozinha. O encontro foi feito pela doméstica Severina de Araújo, de 27 anos, solteira, às 8h10m da manhã de hoje, quando chegava ao apartamento para dar início aos seus afazeres. Severina procurou o porteiro do edifício, Aristóbulo de Araújo, que comunicou o fato ao 2.º Distrito Policial.

Títulos vários

Crime ou suicídio? — A polícia acredita em latrocínio — Müller teria sido major das Tropas de Assalto Nazistas — Impressões digitais apontarão o criminoso — Dentro de 24 horas a Polícia deve ter em mãos o assassino do alemão, declara o Delegado do 2.º Distrito — Moços da juventude transviada frequentavam o apartamento da 5 de Julho — Teria prometido uma lambreta para o Natal — Mulher ruiva, a chave de todo o mistério! — Ainda envolto em mistério o crime do Edifício Tudinha — Procura-se: moço louro de bigode curto — Avolumam-se as suspeitas sobre Aristóbulo — Incomunicável a doméstica Severina — "Batida" no Morro da Catacumba.

Esclarecimentos

Depois que o caso foi entregue à Polícia Técnica a aparente confusão do noticiário cessou completamente.

O que, na verdade, estava ocorrendo, é que o açodamento da imprensa e a leviandade de alguns policiais menos experimentados tumultuavam as diligências. De posse, agora, de dados preciosos, que estão guardando com a mais completa reserva, as autoridades policiais esperam a qualquer momento deter o criminoso.

Apesar do caráter secreto de que se revestem as diligências em curso, podemos revelar que, em seu trabalho para o completo esclarecimento do caso, as autoridades da Polícia Técnica levaram em conta os seguintes fatos que haviam escapado à atenção dos primeiros policiais encarregados das diligências:

1) A profissão da vítima, que a princípio se acreditava ser importador, está em dúvida. Está comprovado que Fritz Müller fazia negócios de contrabando. Em seu apartamento foram encontrados quatro aparelhos de televisão, três geladeiras "Wonder-Bar", várias caixas contendo canetas-tinteiro de procedência norte-americana e muitos outros objetos importados ilegalmente.

2) Dois oficiais do Exército, primos entre si, estavam entre os compradores de mercadorias contrabandeadas por Fritz Müller. Teria havido forte altercação entre um deles e a vítima no sábado anterior ao crime. Estaria iminente a instauração de um IPM (Inquérito Policial-Militar).

3) A mulher ruiva vista em companhia da vítima é frequentadora de certos bares da Zona Sul e teria sido vista na noite seguinte ao crime em companhia de um deputado federal em um bar da Rua Fernando Mendes.

Outros títulos

Não eram oficiais do Exército Nacional, mas do Exército de Salvação — A vítima também teria pertencido àquela milícia religiosa — Os aparelhos de televisão pertenciam a um amigo da vítima — Fritz Müller tinha passagem comprada para Buenos Aires — Anne Soltag não é "a mulher ruiva" — A autópsia revela: morte por asfixia! — Peritos respondem às acusações dos legistas — Comissário desmente delegado — Volta à estaca zero o caso do Edifício Tudinha — Severina afirma ter sido seviciada na polícia — Moço louro de bigode curto acareado com Aristóbulo — Deputado nega conhecer mulher ruiva — Será feita nova autópsia — Não haverá nova autópsia — Enterrado o cadáver do alemão — Requerida exumação do cadáver do alemão — Maconha e macumba no passado de Severina — Sensação no caso do Edifício Tudinha: a vítima é mulher! — A alemã fazia-se passar por homem — Reconhecida em Belo Horizonte a "alemã" do Edifício Tudinha — Era do município de Pompéu e viera para o Rio há oito meses — O escritor Osvaldo Alves nada tem a ver com o crime; conhece família da vítima — Enérgico despacho do juiz no crime da 5 de Julho — Sensacional: os legistas afirmam que houve morte natural! — Timbaúba revela: não há número 422 na Rua 5 de Julho!

Rio, janeiro, 1958.

Ai de Ti, Copacabana

1. Ai de ti, Copacabana, porque eu já fiz o sinal bem claro de que é chegada a véspera de teu dia, e tu não viste; porém minha voz te abalará até as entranhas.

2. Ai de ti, Copacabana, porque a ti chamaram Princesa do Mar, e cingiram tua fronte com uma coroa de mentiras; e deste risadas ébrias e vãs no seio da noite.

3. Já movi o mar de uma parte e de outra parte, e suas ondas tomaram o Leme e o Arpoador, e tu não viste este sinal; estás perdida e cega no meio de tuas iniquidades e de tua malícia.

4. Sem Leme, quem te governará? Foste iníqua perante o oceano, e o oceano mandará sobre ti a multidão de suas ondas.

5. Grandes são teus edifícios de cimento, e eles se postam diante do mar qual alta muralha desafiando o mar; mas eles se abaterão.

6. E os escuros peixes nadarão nas tuas ruas e a vasa fétida das marés cobrirá tua face; e o setentrião lançará as ondas sobre ti num referver de espumas qual um bando de carneiros em pânico, até morder a aba de teus morros; e todas as muralhas ruirão.

7. E os polvos habitarão os teus porões e as negras jamantas as tuas lojas de decorações; e os meros se entocarão em tuas galerias, desde Menescal até Alaska.

8. Então quem especulará sobre o metro quadrado de teu terreno? Pois na verdade não haverá terreno algum.

9. Ai daqueles que dormem em leitos de pau-marfim nas câmaras refrigeradas e desprezam o vento e o ar do Senhor, e não obedecem à lei do verão.

10. Ai daqueles que passam em seus cadilaques buzinando alto, pois não terão tanta pressa quando virem pela frente a hora da provação.

11. Tuas donzelas se estendem na areia e passam no corpo óleos odoríferos para tostar a tez, e teus mancebos fazem das lambretas instrumentos de concupiscência.

12. Uivai, mancebos, e clamai, mocinhas, e rebolai-vos na cinza, porque já se cumpriram vossos dias, e eu vos quebrantarei.

13. Ai de ti, Copacabana, porque os badejos e as garoupas estarão nos poços de teus elevadores, e os meninos do morro, quando for chegado o tempo das tainhas, jogarão tarrafas no Canal do Cantagalo; ou lançarão suas linhas dos altos do Babilônia.

14. E os pequenos peixes que habitam os aquários de vidro serão libertados para todo o número de suas gerações.

15. Por que rezais em vossos templos, fariseus de Copacabana, e levais flores para Iemanjá no meio da noite? Acaso eu não conheço a multidão de vossos pecados?

16. Antes de te perder eu agravarei a tua demência — ai de ti, Copacabana! Os gentios de teus morros descerão uivando sobre ti, e os canhões de teu próprio Forte se voltarão contra teu corpo, e troarão; mas a água salgada levará milênios para lavar os teus pecados de um só verão.

17. E tu, Oscar, filho de Ornstein, ouve a minha ordem: reserva para Iemanjá os mais espaçosos aposentos de teu palácio, porque ali, entre algas, ela habitará.

18. E no Petit Club os siris comerão cabeças de homens fritas na casca; e Sacha, o homem-rã, tocará piano submarino para fantasmas de mulheres silenciosas e verdes, cujos nomes passaram muitos anos nas colunas dos cronistas, no tempo em que havia colunas e havia cronistas.

19. Pois grande foi a tua vaidade, Copacabana, e fundas foram as tuas mazelas; já se incendiou o Vogue, e não viste o sinal, e já mandei tragar as areias do Leme e ainda não vês o sinal. Pois o fogo e a água te consumirão.

20. A rapina de teus mercadores e a libação de teus perdidos; e a ostentação da hetaira do Posto Cinco, em cujos diamantes se coagularam as lágrimas de mil meninas miseráveis — tudo passará.

21. Assim qual escuro alfanje a nadadeira dos imensos cações passará ao lado de tuas antenas de televisão; porém muitos peixes morrerão por se banharem no uísque falsificado de teus bares.

22. Pinta-te qual mulher pública e coloca todas as tuas joias, e aviva o verniz de tuas unhas e canta a tua última

canção pecaminosa, pois em verdade é tarde para a prece; e que estremeça o teu corpo fino e cheio de máculas, desde o Edifício Olinda até a sede dos Marimbás porque eis que sobre ele vai a minha fúria, e o destruirá. Canta a tua última canção, Copacabana!

Rio, janeiro, 1958.

Dois Escritores no Quarto Andar

A última crônica de meu livro *Um pé de milho* é sobre a Rue Hamelin, de Paris, "onde morreu Proust", faço notar doutamente, e onde vivi eu. Ao escrever aquela crônica eu ouvira cantar o galo, mas não sabia onde. Digo ali que "onde Proust morreu vive hoje um sindicato". Era o que eu pensava na ocasião.

Eu vivia no quarto andar do número 44 e no segundo habitava meu amigo, o escritor gaúcho dom Carlos de Reverbel. Juntos fomos procurar o tal número onde morreu Proust e demos com o tal sindicato. Mas acontece que procurávamos um número errado. O verdadeiro — descobrimos depois — era o nosso 44 mesmo...

Não quero fazer pouco de dom Carlos de Reverbel, mas eu sou um proustiano mais íntimo do que ele. É verdade que meus inimigos assoalham que eu jamais li, no duro mesmo, todos aqueles volumes, embora, em conversa de salão eu seja capaz de discretear sobre Swan, descrever Combray ou Balbec, falar de Albertina ou da senhora duquesa de Guermantes. "O Braga tem suas lantejoulas, mas não sabe as coisas" — murmuram os invejosos.

Pois que se mordam de inveja: Proust morreu exatamente no apartamento do quarto andar, de número 44, onde eu vivi. Dom Carlos morava, eu já disse, no segundo; pode alegar a seu favor que várias vezes foi ao quarto me visitar, o que o classifica, sem dúvida alguma, como o segundo proustiano do Brasil.

Leon Pierre-Quint conta que Marcel Proust alugou todo o quarto andar do edifício que então devia ser novo; ali morreu em 1922, ano em que pela primeira vez eu vinha ao Rio de Janeiro, vestido de marinheiro do *Encouraçado S. Paulo*, trazido pela minha irmã para ver a Exposição do Centenário. Eu tinha 9 anos de idade, nunca ouvira falar de Proust e estava longe de supor que 25 anos depois iria dormir na cama em que ele morria aquele ano. Mais pobre do que Marcel, aluguei apenas o grande quarto de frente com uma entradinha e um banheiro, o que me custava 6 mil francos em 1947; não era caro, levando-se em conta que nesse tempo eu era casado.

Conta Leon Pierre-Quint que Proust escolheu um quarto muito frio (não diz qual) temendo que a calefação central fizesse mal à sua asma. Não posso afirmar, mas devia ser o meu quarto; era friíssimo. Imagino quantas vezes ele não se quedou, como eu, a olhar a rua lá embaixo, pela vidraça encardida, a esfregar as mãos de frio. Ah, bem que me parecia suspeita aquela velha cama, bem que notei certos estremecimentos nas cortinas e pressenti, no tapete desbotado, o rasto de antigos pés que o pisaram em noites de insônia, e vagas nódoas de remédio. Posso informar com a maior segurança que, pelo menos nos últimos anos de sua vida, Proust não tomava banho de chuveiro. Não havia chuveiro na casa. Encontrei uma banheira com manchas de sujos imemoriais; mandei lavá-la, esfregá-la, flambá-la com álcool, mas nem assim me animei a tomar um banho nela; preferi comprar um chuveirinho de borracha que adaptamos à pia. Eu não podia adivinhar que era a banheira de Proust...

Às vezes, pela madrugada — conta o biógrafo — Proust despachava Odilon em um táxi para procurar algum amigo que viesse conversar com ele. Imagino-o perfeitamente à espera, escutando o ruído agônico do pequeno elevador que, no quarto andar, para perigosamente entre dois degraus da escada, uma velha escada sempre às escuras em que os passos reboam absurdamente alto. O amigo o encontrava na cama, com um lenço no pescoço, todo vestido sob os cobertores, com luvas de algodão, vários pares de meias e o *plastron* branco sobre a camisa amarrotada, no quarto fechado cheirando a remédios, a asma, a fumigações, a Proust. Eu positivamente ainda recolhi ali um pouco desse cheiro, dentro do qual foi escrito o último volume de *Sodoma e Gomorra*; homem bárbaro de um país semibárbaro, me lembro de que muitas vezes combati esse cheiro abrindo de par em par as portas que dão para a sacada e a que dá para o corredor, formando corrente de ar para grande pânico da arrumadeira. Ah, se eu soubesse aproveitar bem aquele cheiro, que coisas sutis não haveria escrito no lugar das croniquinhas triviais que eu mandava para *O Globo*!

Proust cochilava três dias à custa de veronal, depois ficava três dias desperto à custa de cafeína, falando de literatura, de pintura (esses jovens: Giraudoux, Picasso...), recitando Anatole ou Baudelaire, discutindo finanças e mundanismo, falando em mandar vir seus livros, seus móveis, suas coisas, o que nunca chegou a fazer.

Também tive minhas noites de insônia na Rue Hamelin; não terá ficado dentro de mim um pouco da angústia proustiana? Seria distintíssimo, mas receio que não; três copos de Beaujolais me punham facilmente em forma.

De qualquer modo, os jovens intelectuais que quiserem escrever sobre Proust devem me consultar para "fazer ambiente". Posso, por exemplo, descrever o cubículo em que a *concierge* lá embaixo (uma velha, positivamente a mesma da era proustiana) está sempre fazendo contas, passando roupa a ferro ou espichando o nariz para ver quem entra, quando não atende ao telefone com sua voz chorosa:

— *Passy, soixante-et-un deux fois...*

Tomem nota, rapazes: Passy 61-61; é o antigo telefone do Proust e do Braga...

Rio, maio, 1958.

Homenagem ao Sr. Bezerra

O incorporador é um Sr. Bezerra. Não chega a ser um bonito nome, é verdade, mas para mim é simpático, pois conheci vários cidadãos agradáveis com esse nome, quase todos do Nordeste, especialmente do Rio Grande do Norte — os Bezerra Dantas, por exemplo. A ideia fundamental do Sr. Bezerra parece ter sido esta: tirar a minha vista do mar. Imagino que o Sr. Bezerra seja meu leitor e notou que muitas vezes começo minhas crônicas falando do mar que vejo de minha varanda; é verde aqui, azul ali, nordeste semeando espumas, o raivoso e frio sudoeste, e barcos passando, e o farol da ilha e não sei mais o que — e o Sr. Bezerra se encheu. Imaginou então construir um edifício bastante largo e alto para me tapar a paisagem e o assunto. Deve ter gasto um bom dinheiro para prestar esse grande serviço às letras nacionais, pois na esquina da praia havia uma sólida casa revestida de pedras e rodeada de um parque. Uma grande equipe de trabalhadores desmantelou a casa e cortou as árvores, inclusive um belo pé de magnólia e um casal de pinheiros que há muitos anos faziam parte de minha paisagem. Sim, era alguma coisa *minha* que eles estavam derrubando — mas o advogado me disse que a lei não reconhece esse direito de propriedade visual e sentimental.

Erguido um grande tapume — onde seu nome brilha em uma tabuleta na qualidade de incorporador —, o Sr. Bezerra mandou fazer um imenso buraco, cavando a terra e a areia, para as fundações. Depois não sei o que aconteceu, com certeza alguma dificuldade de financiamento; sei que os operários se foram, ficando apenas um melancólico vigia, cuja função é olhar com tristeza aquele buraco.

Toda manhã, quando vou à praia, vejo o nome do Sr. Bezerra na tabuleta — e fico a imaginar com certa delícia que deve ser um senhor de meia-idade, muito bem-falante e de sotaque potiguar, que prometeu entregar o edifício prontinho em tantos meses e agora coça a cabeça e dá desculpas, falando em Banco, na Caixa, no Instituto, que faltam certas formalidades, houve dificuldades imprevisíveis, de qualquer modo ele deseja evitar um reajustamento, aliás acredita que no mês próximo as obras poderão ser reiniciadas, o senhor compreende a culpa é dessa política estúpida do governo, etc., etc.

Dois outros edifícios iniciados muito antes já estão quase prontos, mas o prédio do Sr. Bezerra é apenas um sonho pairando sobre um buraco. À medida que as outras obras progridem, o Sr. Bezerra deve coçar a cabeça com mais raiva, o que estimo sinceramente. Há casos de obras que ficam paradas anos e anos, e esse pensamento me parece encantador. É verdade que no caso do Sr. Bezerra ainda não se pode falar propriamente em obras, mas em desobras, pois ele não fez nada, só desfez. Talvez o Sr. Bezerra passe à história como um emérito construtor de buracos, título a que vários estadistas nossos fazem jus.

Enfim, enquanto o Sr. Bezerra estiver mal, tudo irá bem. Ele me roubou as árvores, mas me deixou um pedaço de mar com brisa e ondas. Os cavalheiros que entraram com dinheiro adiantado para ter um apartamento devem estar com raiva do Sr. Bezerra; eu, entretanto, desejo de todo o coração ao Sr. Bezerra uma excelente saúde, muitas alegrias, bons vinhos e boas mulheres — e um encalacramento financeiro prolongado e sutil, que entretenha com fúteis esperanças, anos a fio, o coração dos ex-futuros condôminos.

Um encalacramento que se prolongue através dos tempos e se torne tão crônico e dramático que acabará comovendo a todos, e só terminará no dia em que o Sr. Bezerra for enterrado (homenagem especial) no buraco enorme que ele abriu ali na esquina.

Rio, maio, 1958.

Um Mundo de Papel

"O senhor imagina o que é isso para uma pessoa moça que se esforça para melhorar de vida? As taxas pagas, o dinheiro dos professores, das passagens, o tempo perdido, a decepção..."

A história que essa carta me conta é triste e banal. Houve um concurso para escriturário de determinada autarquia. A moça inscreveu-se, tomou cursos, estudou meses, fez as provas, foi aprovada, foi classificada, chorou de alegria quando a mãe a beijou, ficou esperando a nomeação, passaram-se dois anos, ela não foi nomeada e o concurso não vale mais.

O Estado, no Brasil, é um brincalhão.

Um homem me conta história idêntica: "gastei tempo, dinheiro e saúde, passei noites em claro, fiquei até doente dos olhos... deixei de levar minha filhinha a passear aos domingos... tudo em troca de nada... sou um 'otário'..."

O pior é que os dois me pedem conselho. Só posso dizer que continuem a se esforçar e a ser bonzinhos, pois Deus protege os inocentes. Ou então o remédio é nascer outra vez, em uma família conveniente. Eu poderia fornecer aqui o nome de algumas famílias convenientes, isto é, famílias onde as mocinhas e os rapazes são nomeados, sem concurso nenhum, para cargos esplêndidos.

É verdade que há sujeitos admiráveis que, mesmo não pertencendo a essas famílias, conseguem coisas impressionantes. O diabo é que eles não revelam sua técnica. O DASP deveria requisitar um desses cavalheiros e encarregá-lo de escrever um livro no estilo de Dale Carnegie: *Como Fazer Amigos e Arranjar uma Galinha-Morta no Serviço Público Federal.*

Foi em Minas, creio, que um secretário de Estado mandou afixar em sua repartição esta frase com um conselho aos funcionários: "Não basta despachar o papel, é preciso resolver o caso."

Quem fez isso devia ser um empírico, sem uma verdadeira e fina vocação burocrática. O exemplo mais brilhante dessa vocação deu-o anos atrás um cavalheiro cujo nome não sei; era presidente da Câmara Municipal de S. João de Meriti.

Foi o caso que morreu um vereador, e seu suplente quis tomar posse. O presidente exigiu dele a certidão de óbito do vereador. O suplente disse que não a trouxera, mas podia providenciar depois; achava, entretanto, que não havia inconveniente em tomar posse naquela mesma sessão...

O presidente respondeu:

— Não é questão de conveniência ou inconveniência. O que há é impossibilidade. O suplente não pode se empossar sem estar provada a morte do vereador.

— Mas V. Ex.ª não ignora que o vereador morreu...

— A prova do falecimento é a certidão de óbito.

— Mas V. Ex.ª tomou conhecimento oficial da morte; V. Ex.ª, como presidente da Mesa, praticou vários atos oficiais motivados por essa morte!

— A prova do falecimento é a certidão de óbito.

— Mas o morto foi velado neste recinto. O enterro saiu desta sala, desta Câmara.

— A prova do falecimento é a certidão de óbito.

— Mas V. Ex.ª segurou uma das alças do caixão!

— A prova do falecimento é a certidão de óbito.

E não se foi adiante, enquanto o suplente não apresentou a certidão de óbito. Todos os argumentos esbarravam naquela frase irretorquível, perfeita, quase genial, que mereceria ser gravada em mármore no frontispício do DASP: "A prova do falecimento é a certidão de óbito." Só os medíocres, os anarquistas e os pobres-diabos, condenados a vida inteira a ser suplicantes ou requerentes e que jamais serão Autoridade, não percebem a profunda beleza dessa frase. Eles jamais compreenderão que uma pessoa não pode existir sem certidão de nascimento nem pode deixar de existir sem certidão de óbito. Que acima da vida e da morte, do bem e do mal, da felicidade e da desgraça está esta coisa sacrossanta: o papel.

Eu também quero fazer uma frase. Proponho que o DASP investigue o nome daquele antigo presidente da Câmara

Municipal de São João de Meriti e, no dia em que ele morrer, mande gravar em seu túmulo (depois, naturalmente, de apresentada a certidão de óbito) esta frase de suprema consagração burocrática: “Ele amou o papel.”

Rio, maio, 1958.

Sizenando, a Vida É Triste

Está provado que acordar mais cedo faz o dia maior. Esta frase não é minha, e desgraçadamente não consegui saber o nome de seu autor, pois acordei muito cedo, mas não bastante cedo; quando liguei o rádio às 6:10 a aula já tinha começado; ouvi o programa até o fim, mas não fiquei sabendo o nome do professor. *"La verando estas vera jardeno, plena de floroi."* Nunca estudei esperanto, mas suponho que a varanda ou o verão está com muitas flores no jardim; de qualquer modo é uma boa notícia, algo de construtivo.

Confesso que a certa altura mudei de estação; sou um espírito inquieto. A estação logo à direita dava telegramas de Argel, crise na França; fui mais adiante, sintonizei um bolero; tentei ainda outra, dizia anúncios; voltei para o meu jardim florido em esperanto.

O professor estava agora respondendo cartas de ouvintes. O Sr. Sizenando Mendes Ferreira, de Iporá, Goiás, escrevera dizendo que achara suas aulas muito interessantes e queria se inscrever entre seus alunos.

Sou um homem do interior, tenho uma certa emoção do interior, às vezes penso que eu merecia ser goiano. A manhã estava escura e chuvosa em Ipanema; e me comoveu saber que naquele instante mesmo, a um mundo de remotas léguas, no interior de Goiás, havia um Sizenando, brasileiro como eu, aprendendo que o *jardeno* está plena de *floroi* — e talvez escrevendo isso em um caderno.

Não importa que neste momento haja milhões de brasileiros dormindo insensatamente, enquanto outros milhões tomam café ou banho de chuveiro ou já marchem para o trabalho, ou que minha amada Joana esteja neste minuto saindo do Sacha's e entrando no carro daquele *stompanato* de Botafogo. Eu e Sizenando cultivamos o jardim da cultura, plena *de floroi*; nós somos, de certo modo, a elite do Brasil; amanhecemos em flor.

Então o professor, talvez estimulado pela atenção do ouvinte goiano, fez uma pequena dissertação sobre a utilidade do esperanto e também sobre a vantagem de acordar cedo. Está provado que acordar mais cedo faz o dia maior. Não será uma frase muito sutil, mas é tão pura e bem-intencionada que poderia figurar no decálogo do escoteiro. No fundo deve haver alguma ligação entre o escotismo, o esperanto e o acordar cedo. Eis uma falha de minha vida; nunca fui escoteiro; agora é tarde para quebrar coco na ladeira, mas talvez ainda seja tempo de aprender um pouco de esperanto; eu e Sizenando.

"Tenho um amigo" — dizia o professor — "que me confessou que nunca ouvira o meu programa, pois dorme até tarde. Pois bem. Ele ontem acordou cedo e ouviu o meu programa. Disse-me que passou o dia inteiro com uma excelente disposição, achou o dia maior e mais útil, ficou realmente satisfeito."

O próprio professor estava satisfeito com a declaração de seu amigo; sentia-se isso em sua voz. Murmurei para mim mesmo que o golpe é este: todo dia acordar cedo, ouvir minha aula de esperanto e depois se houver alguma aula de ginástica pelas imediações topar também, *mens sana in corpore sano*; no fim de um mês os amigos vão ficar espantados, como o Braga está bem! Este pensamento me reconfortou; estendi a mão para pegar um cigarro na mesinha de cabeceira, mas fumei com um certo remorso. No fundo o esperanto deve ser contra o tabagismo, assim como é favorável ao escotismo.

"*Mi estas brunas.*" Isto quer dizer: eu sou moreno. *Mi estas brunas*, ó filhas de Jerusalém, dizia a Sulamita. A esta hora Joana deve estar no carro daquele palhaço, toda aconchegada a ele, meio tonta de uísque, vai para o apartamento dele — um imbecil que não sabe uma só palavra de esperanto! A vida é triste, Sizenando.

Rio, junho, 1958.

Lembranças da Fazenda

Na fazenda havia muitos patos. As patas sumiam, iam fazer seus ninhos numa ilha lá em cima. Quando os patinhos nasciam, elas desciam o rio à frente de suas pequenas esquadrilhas amarelas e aportavam gloriosas no terreiro da fazenda. Apareceu uma romã de-vez com sinal de mordida de criança. Um menino foi acusado. Negou. A prima já moça pegou a romã, meteu na boca do menino, disse que os sinais dos dentes coincidiam. O menino continuou negando, fez má-criação, foi preso na despensa. Ficou chorando, batendo na porta como um desesperado para que o tirassem daquele lugar escuro. Ninguém o tirava. Então começou, em um acesso de raiva, a derrubar no chão sacos de milho e arroz. Estranharam que ele não estivesse mais batendo, e abriram a porta. Escapou com a violência de uma fera acuada que empreende uma surtida.

As primas da roça passavam no meio da boiada sem medo nenhum, mas os meninos da cidade ficavam olhando a cara dos bois e achavam que os bois estavam olhando para eles com más intenções. A linguagem crua das moças da roça sobre a reprodução dos animais os assustava.

Na outra fazenda havia um córrego perdido entre margens fofas de capim crescido. O menino foi tomar banho, voltou com cinco sanguessugas pegadas no corpo. Havia um carpinteiro chamado "seu" Roque e uma grande mó de pedra no moinho de fubá onde a água passava chorando. Quando pararam o moinho, veio um silêncio pesado e grosso dos morros em volta e caiu sobre todas as coisas.

Gosto lento de descascar cana e chupar cana. A garapa escorrendo grossa de uma bica de lata da engenhoca. O café secando no terreiro de terra batida. Mulheres de panos na cabeça trabalhando na roça. O homem doente deitado gemendo no paiol de milho. Havia um pari, onde se ia toda manhã bem cedo pisar as pedras limosas na água tão fria, apanhar peixes.

A estrada onde se ia a cavalo, a estrada úmida aberta de pouco no seio escuro da mata. A lembrança do primo que caiu do cavalo, foi arrastado com um pé preso no estribo mexicano, a cabeça se arrebentando nas pedras.

Defronte da fazenda havia uma pedra grande, imensa, escura, onde de tarde, no verão, se ajuntavam nuvens pretas e depois relampejava e trovoava e chovia com estrondo uma chuva grossa que acabava meia hora antes da hora de o sol descer, e então os meninos saíam da varanda da fazenda e iam correr no pasto molhado.

A travessia do ribeirão no lugar fundo que não dava pé, debaixo da ponte, a água escura e grossa, o medo de morrer. O jacaré pequeno que uma roda do carro de boi pegou. Os bois atravessando o rio a nado, o menino a cavalo confiante no seu cavalo nadador. As balsas lentas, as canoas escuras e compridas, pássaros tontos batendo com o peito na parede e morrendo, gaviões súbitos carregando pintos, a história da onça que veio até o porão.

E subir morro e descer morro com espingarda na mão, e a cobra vista de repente e os mosquitos de tarde e o bambual na beira do rio com rolinhas ciscando. Os bois curados com creolina, as vacas mugindo longe dos bezerros, o leite quentinho bebido de manhã, a terra vermelha dos barrancos, a terra preta onde se cava minhoca, a tempestade no milharal, o calor e a tonteira da primeira cachaça, e os pecados cometidos atrás do morro com tanta inocência animal.

E, de repente, uma paixão.

Rio, junho, 1958.

Ele se Chama Pirapora

Chama-se Pirapora, o meu corrupião; eu o trouxe lá da beira do São Francisco muito feio, descolorido e sem cauda. Consegui uma licença escrita para poder conduzi-lo; apesar disso, houve um chato da companhia aérea que implicou com ele na baldeação em Belo Horizonte. Queria que ele viesse no compartimento de bagagens, onde certamente morreria de frio ou de tédio. Houve muita discussão, da qual Pirapora se aproveitou para conquistar a amizade de um negro carregado; limpando-lhe carinhosamente a unha com o bico. Encantado com o passarinho, esse carregador me ajudou a ludibriar o exigente funcionário, e fizemos boa viagem.

A princípio eu me preocupava em saber o que o bicho comia. Hoje me pergunto o que ele não come. Carne de vaca, verduras, tomate, laranja, goiaba, miolo de pão, mamão, sementes, gema de ovo, palitos de fósforos e revistas ilustradas, praticamente tudo ele come. É mesmo um pouco antropófago, porque devora qualquer pedacinho de pele da mão da gente que descobre. Os alimentos mais secos ele os põe n'água e faz uma espécie de sopinha fria. Come e descome com uma velocidade terrível; tem um metabolismo alucinado, mas respeita rigorosamente a limpeza do canudo de palha em que mora. Adora tudo o que brilha, pedras preciosas ou metais, e fica bicando essas coisas com uma teimosia insensata, como a lamentar que não sejam comestíveis. Passa horas brincando com um pedaço de barbante, mas isso parece que lhe faz um pouco mal aos nervos. Peço às damas visitantes que retirem os anéis quando se aproximam da gaiola.

Agora ele está de rabo comprido, penas negras lustrosas e penas alaranjadas vibrantes de cor. Está realmente bonito, voa um pouco pela casa todo dia e toma banho duas vezes ao dia. Enfim, tenho todos os motivos para me orgulhar de meu corrupião; e devia estar contente.

Mas a verdade é muito outra. Há um pequeno drama de família; estamos de mal.

Conheço muitas histórias de corrupião; corrupião que assobia o Hino Nacional; corrupião que só gosta de mulher, não tolera homem; corrupião que quando o dono da casa chega ele assobia até que abram a gaiola e ele pouse no ombro do homem; corrupião que passeia pelo bairro inteiro e volta para casa ao escurecer, etc.

O meu não. Talvez a culpa seja minha, que o educo mal. Sei como deveria proceder com ele: movimentos sempre lentos, chantagem na base do miolo de pão, não lhe dando comida demais para que ele venha comer na mão; certa mistura de disciplina e carinho, sistema de prêmios e castigos. Enfim, aquele negócio dos reflexos condicionados.

Ele já estava bastante meu amigo quando cometi o primeiro erro; e ele reagiu. Afastava-se de mim; se eu aproximava o dedo, ele o bicava com força. Despeitado com esse tratamento, eu devo ter sido um pouco brusco. Um dia em que ele não queria de jeito nenhum sair da gaiola eu o agarrei e o trouxe para fora à força. Não gostou.

O pior é que tomei gosto em irritá-lo. Estalo os dedos sobre sua cabeça, o que o faz emitir estranhos grunhidos, enchendo o papo de vento, esticando o pescoço e dando grandes assobios; fica parecendo um galo de briga; uma gracinha. Mas com essas provocações ele foi, devagar, devagarinho, criando um certo ódio de mim.

Não, ainda não será ódio. De outras vezes ele já levou um dia inteiro, até dois, sem me dirigir a palavra e mesmo sem me olhar; mas logo o rancor sumiu de sua alminha leve, e voltamos às boas. Desta vez ele está há quatro dias completamente hostil, e minha presença o incomoda visivelmente. Por acinte trata bem qualquer pessoa estranha, o rufião. Mas creio que sua amizade é um bem ainda recuperável.

O pior é que eu digo essas coisas assim, mas no fundo sou um pouco rancoroso, e estou criando uma certa mágoa desse bicho ingrato que eu trouxe da roça para a capital da República, até cheguei a ir à feira só para comprar comidinhas melhores para ele, dei gaiola grande e bonita, uma vez gastei oitenta cruzeiros de táxi só para vir em casa livrá-lo de uma chuva súbita. Não, não sei se ainda lhe tenho a mesma estima. Nosso último incidente foi há três dias, e ele ainda hoje à tarde me tratou com uma antipatia suprema e ainda por cima se desmanchou em graça e carinhos com o *boy* que veio buscar a crônica.

Acho que vou dar esse corrupião — ou despedir esse *boy*.

Viúva na Praia

Ivo viu a uva; eu vi a viúva. Ia passando na praia, vi a viúva, a viúva na praia me fascinou. Deitei-me na areia, fiquei a contemplar a viúva.

O enterro passara sob a minha janela; o morto eu o conhecera vagamente; no café da esquina a gente se cumprimentava às vezes, murmurando "bom-dia"; era um homem forte, de cara vermelha; as poucas vezes que o encontrei com a mulher ele não me cumprimentou, fazia que não me via; e eu também. Lembro-me de que uma vez perguntei as horas ao garçom, e foi aquele homem que respondeu; agradeci; este foi nosso maior diálogo. Só ia à praia aos domingos, mas ia de carro, um Citroen, com a mulher, o filho e a barraca, para outra praia mais longe. A mulher ia às vezes à praia com o menino, em frente à minha esquina, mas só no verão. Eu passava de longe; sabia quem era, que era casada, que talvez me conhecesse de vista; eu não a olhava de frente.

A morte do homem foi comentada no café; eu soube, assim, que ele passara muitos meses doente, sofrera muito, morrera muito magro e sem cor. Eu não dera por sua falta, nem soubera de sua doença.

E agora estou deitado na areia, vendo a sua viúva. Deve uma viúva vir à praia? Nossa praia não é nenhuma festa; tem pouca gente; além disso vamos supor que ela precise trazer o menino, pois nunca a vi sozinha na praia. E seu maiô é preto. Não que o tenha comprado por luto; já era preto. E ela tem, como sempre, um ar decente; não olha para ninguém, a não ser para o menino, que deve ter uns dois anos. Se eu fosse casado, e morresse, gostaria de saber que alguns dias depois minha viúva iria à praia com meu filho — foi isso o que pensei, vendo a viúva. É bem bonita, a viúva. Não é dessas que chamam a atenção; é discreta, de curvas discretas, mas certas. Imagino que deve ter 27 anos; talvez menos, talvez mais, até 30. Os cabelos são bem negros; os olhos são um pouco amendoados, o nariz direito; a boca um pouco dentucinha, só um pouco; a linha do queixo muito nítida.

Ergueu-se, porque, contra suas ordens, o garoto voltou a entrar n'água. Se eu fosse casado, e morresse, talvez ficasse um pouco ressentido ao pensar que, alguns dias depois, um homem — um estranho, que mal conheço de vista, do café — estaria olhando o corpo de minha mulher na praia. Mesmo que olhasse sem impertinência, antes de maneira discreta, como que distraído.

Mas eu não morri; e eu sou o outro homem. E a ideia de que o defunto ficaria ressentido se acaso imaginasse que eu estaria aqui a reparar no corpo de sua viúva, essa ideia me faz achá-lo um tolo, embora, a rigor, eu não possa lhe imputar essa ideia, que é minha. Eu estou vivo, e isso me dá uma grande superioridade sobre ele.

Vivo! Vivo como esse menino que ri, jogando água no corpo da mãe que vai buscá-lo. Vivo como essa mulher que pisa a espuma e agora traz ao colo o garoto já bem crescido. O esforço faz-lhe tensos os músculos dos braços e das coxas; é bela assim, marchando com a sua carga querida.

Agora o garoto fica brincando junto à barraca e é ela que vai dar um mergulho rápido, para se limpar da areia. Volta. Não, a viúva não está de luto, a viúva está brilhando de sol, está vestida de água e de luz. Respira fundo o vento do mar, tão diferente daquele ar triste do quarto fechado do doente, em que viveu meses. Vendo seu homem se finar; vendo-o decair de sua glória de homem fortão de cara vermelha e de seu império de homem da mulher e pai do filho, vendo-o fraco e lamentável, impertinente e lamurioso como um menino, às vezes até ridículo, às vezes até nojento...

Ah, não quero pensar nisso. Respiro também profundamente o ar limpo e livre. Ondas espoucam ao sol. O sol brilha nos cabelos e na curva do ombro da viúva. Ela está sentada, quieta, séria, uma perna estendida, outra em ângulo. O sol brilha também em seu joelho. O sol ama a viúva. Eu vejo a viúva.

Rio, setembro, 1958.

História Triste de Mim

João-de-barro é um bicho bobo que ninguém pega, embora goste de ficar perto da gente; mas de dentro daquela casa de joão-de-barro vinha uma espécie de choro, um chorinho fazendo tuim, tuim, tuim...

A casa estava num galho alto, mas um menino subiu até perto, depois com uma vara de bambu conseguiu tirar a casa sem quebrar e veio baixando até o outro menino apanhar. Dentro, naquele quartinho que fica bem escondido depois do corredor de entrada para o vento não incomodar, havia três filhotes, não de joão-de-barro, mas de tuim.

Você conhece, não? De todos esses periquitinhos que tem no Brasil, tuim é capaz de ser o menor. Tem bico redondo e rabo curto e é todo verde, mas o macho tem umas penas azuis para enfeitar. Três filhotes, um mais feio que o outro, ainda sem penas, os três chorando. O menino levou-os para casa, inventou comidinhas para eles; um morreu, outro morreu, ficou um.

Geralmente se cria em casa é casal de tuim, especialmente para se apreciar o namorinho deles. Mas aquele tuim macho foi criado sozinho e, como se diz na roça, criado no dedo. Passava o dia solto, esvoaçando em volta da casa da fazenda, comendo sementinhas de imbaúba. Se aparecia uma visita, fazia-se aquela demonstração: era o menino chegar na varanda e gritar para o arvoredo: tuim, tuim, tuim! Às vezes demorava, então a visita achava que aquilo era brincadeira do menino, de repente surgia a ave, vinha certinho pousar no dedo do garoto.

Mas o pai disse: "Menino, você está criando muito amor a esse bicho, quero avisar: tuim é acostumado a viver em bando. Esse bichinho se acostuma assim, toda tarde vem procurar sua gaiola para dormir, mas no dia que passar pela fazenda um bando de tuins, adeus. Ou você prende o tuim ou ele vai-se embora com os outros; mesmo ele estando preso e ouvindo o bando passar, você está arriscado a ele morrer de tristeza."

E o menino vivia de ouvido no ar, com medo de ouvir bando de tuim.

Foi de manhã, ele estava catando minhoca para pescar quando viu o bando chegar; não tinha engano: era tuim, tuim, tuim... Todos desceram ali mesmo em mangueiras, mamonas e num bambuzal, divididos em pares. E o seu? Já tinha sumido, estava no meio deles, logo depois todos sumiram para uma roça de arroz; o menino gritava com o dedinho esticado para o tuim voltar; nada.

Só parou de chorar quando o pai chegou a cavalo, soube da coisa, disse: "Venha cá." E disse: "O senhor é um homem, estava avisado do que ia acontecer, portanto, não chore mais."

O menino parou de chorar, porque tinha brio, mas como doía seu coração! De repente, olhe o tuim na varanda! Foi uma alegria na casa que foi uma beleza, até o pai confessou que ele também estivera muito infeliz com o sumiço do tuim.

Houve quase um conselho de família, quando acabaram as férias: deixar o tuim, levar o tuim para São Paulo? Voltaram para a cidade com o tuim, o menino toda hora dando comidinha a ele na viagem. O pai avisou: "Aqui na cidade ele não pode andar solto; é um bicho da roça e se perde, o senhor está avisado."

Aquilo encheu de medo o coração do menino. Fechava as janelas para soltar o tuim dentro de casa, andava com ele no dedo, ele voava pela sala; a mãe e a irmã não aprovavam, o tuim sujava dentro de casa.

Soltar um pouquinho no quintal não devia ser perigo, desde que ficasse perto; se ele quisesse voar para longe era só chamar, que voltava; mas uma vez não voltou.

De casa em casa, o menino foi indagando pelo tuim: "Que é tuim?", perguntavam pessoas ignorantes. "Tuim?" Que raiva! Pedia licença para olhar no quintal de cada casa, perdeu a hora de almoçar e ir para a escola, foi para outra rua, para outra.

Teve uma ideia, foi ao armazém de seu Perrota: "Tem gaiola para vender?" Disseram que tinha. "Venderam alguma gaiola hoje?" Tinham vendido uma para uma casa ali perto.

Foi lá, chorando, disse ao dono da casa: "Se não prenderam o meu tuim então por que o senhor comprou gaiola hoje?"

O homem acabou confessando que tinha aparecido um periquitinho verde sim, de rabo curto, não sabia que chamava tuim. Ofereceu comprar, o filho dele gostara tanto, ia ficar desapontado quando voltasse da escola e não achasse mais o bichinho. "Não, senhor, o tuim é meu, foi criado por mim." Voltou para casa com o tuim no dedo.

Pegou uma tesoura: era triste, era uma judiação, mas era preciso: cortou as asinhas; assim o bicho poderia andar solto no quintal, e nunca mais fugiria.

Depois foi lá dentro fazer uma coisa que estava precisando fazer, e, quando voltou para dar comida a seu tuim, viu só algumas penas verdes e as manchas de sangue no cimento. Subiu num caixote para olhar por cima do muro, e ainda viu o vulto de um gato ruivo que sumia.

Acabou-se a história do tuim.

Rio, setembro, 1958.

O Amigo Sonâmbulo

Na semana passada chegou a Primavera; na semana que vem são as eleições, e no futebol já teve início o returno; eia, pois, ergue-te, cronista, e cumpre o teu dever.

Mas o cronista sonha; nem as açucenas primaveris nem a cívica peleja nem o clamor do Maracanã o despertam; será morfina, será maconha, será amor?

Será amor? Talvez apenas um vago sonho de amor. Ele sorri; alguém lhe falou da bem-amada de um amigo, a que se vestia de rendas negras e tinha ao ombro uma rosa-chá; sorri como quem manda em silêncio um recado: sede felizes. Para si mesmo ele não pretende isto; nem pensa.

Ama? Animula vagula, blandula essa que ama, sonâmbulo. Muito antigamente já terá sido mulher, e amor. Mas ficou tão longe, se fez tão longe, que é uma sombra junto a si, pairando... Amiga? Ele se humilha. A amiga é feito a crase, no tempo em que Ferreira Gullar era poeta e, no lugar de dizer ema lema eva leve leva leme, dizia: "a crase não foi feita para humilhar ninguém", e ouvia o galo cantar, e sabia aonde; agora ninguém sabe mais. Talvez saibam, não digam.

Importa pouco. Os galos cantam em direção do Oriente; dê sua direita ao amor, fique de frente para o passado, terá o remorso à esquerda e a sombra da morte às suas costas. A boa sombra; a que virá crescendo devagar, e então você não sonhará, não desejará sequer beijar o pé da amada, não se angustiará, não será mais.

Esta é, na verdade, a grande consolação. Mas entrementes ainda estamos vivos, todos nós, mesmo ele, o sonâmbulo; e na vida há sol, há ventos, rios correndo, ondas a estourar nas pedras. Isso não desperta o sonâmbulo, mas o agita. Está dopado de amor.

Como lhe devolver a dignidade? A ele, que já teve gestos ásperos; e ia calado; ia; topava; era duro, viril. Amar não é viril. Isto é, amar assim, sem esperança de ser amado, amor de menino burro ou doente. O sentimento que ele tem de estar sobrando na vida, de ninguém precisar dele: vaga estima, tolerância amiga. Viajou. "Ah, viajou? Mas escute, você já viu esse filme do Metro?" Ou: "Falar nisso, e aquele amigo dele que esteve na Rússia, como é que se chama?" Enfim, qualquer frase serve de necrológio ao desamado ausente.

Certo, Manuel Bandeira fala de uma "limpa solidão", ou alguém disse isso dele. Não creio. Solidão limpa só com vassoura e aspirador permanente: a solidão do homem é cheia de detritos, lembranças, pequenos fantasmas que são como objetos inúteis, quebrados, em um porão, nomes riscados em um caderno de telefones, teias de antigas aranhas.

Mas por que lamentar o sonâmbulo? Ele sorri. Neste momento, ao menos, está feliz. Seus dedos movem-se, como se acariciassem os cabelos da amada, a esquiva nuca. Murmura: vem... Isso, entretanto, nos corta o coração. Podíamos prendê-lo em um banho turco para suar suas melancolias, mandar-lhe um jato de água fria, atacá-lo para que reaja, despertá-lo com gargalhadas para que acorde banhado em ridículo e chore, leve um tapa na cara, tome dexamyl spansule, morda pimenta-malagueta, viva! Ou apelaremos para a psicanálise, o hipnotismo, a lavagem de cérebro, a propaganda subliminar durante o banho de mar?

Na verdade, temos outras coisas a fazer e desistimos tacitamente de jamais recuperar o sonâmbulo; vamos disfarçando, disfarçando até que um dia ele morra e então diremos sem muita hipocrisia: coitado.

Rio, outubro, 1958.

Bilhete a um Candidato

Olhe aqui, Rubem. Para ser eleito vereador, eu preciso de três mil votos. Só lá no Jóquei, entre tratadores, jóqueis, empregados e sócios eu tenho, no mínimo, mas no mínimo mesmo, 300 votos certos; vamos botar mais 100 na Hípica. Bem, 400. Pessoal de meu clube, o Botafogo, calculando com o máximo de pessimismo, 600. Aí já estão mil.

Entre colegas de turma e de repartição contei, seguros, 200; vamos dizer, 100. Naquela fábrica da Gávea, você sabe, eu estou com tudo na mão, porque tenho apoio por baixo e por cima, inclusive dos comunas: pelo menos 800 votos certos, mas vamos dizer, 400. Já são 1.500.

Em Vila Isabel minha sogra é uma potência, porque essas coisas de igreja e caridade tudo lá é com ela. Quer saber de uma coisa? Só na Vila eu já tenho a eleição garantida, mas vamos botar: 500. Aí já estão, contando miseravelmente, mas mi-se-ra-vel-men-te, dois mil. Agora você calcule: o Tuzinho no Méier, sabe que ele é o médico dos pobres, é um sujeito que se quisesse entrar na política acabava senador só com voto da Zona Norte; e é todo meu, batata, cem por cento, vai me dar pelo menos 1.000 votos. Você veja, poxa, que eu estou eleito sem contar mais nada, sem falar no pessoal do Cais do Porto, nem postalistas, nem professoras primárias, que só aí, só de professoras, vai ser um xuá, você sabe que minha mãe e minha tia são diretoras de Grupo. Agora bote choferes, garçons, a turma do clube de xadrez e a colônia pernambucana, sabe que meu velho é pernambucano, e sabe pernambucano como é que é!

E o Centro Filatelista? Sabe quantos filatelistas tem só no Rio de Janeiro? Mais de 4 mil! E nesse setor nem tem graça, o papai aqui está sozinho! É como diz o Gonçalves: sou o candidato do olho de boi!

E fora disso, quanta coisa! Diretor de centro espírita, tenho dois. E o eleitorado independente? E não falei no meu bairro, poxa, não falei de Copacabana, você precisa ver como é lá em casa, o telefone não para de tocar, todo mundo pedindo cédula, cédula, até sujeitos que eu não vejo há mais de dez anos. E a turma da Equitativa? O Fernandão garante que só lá, tenho pelo menos 300 votos. E o Resseguro, e o reduto do Goulart em Maria da Graça, o pessoal do Fórum... Olhe, meu filho, estou convencido de que fiz uma grande besteira: eu devia ter saído era para deputado!"

Passei uma semana sem ver o meu amigo candidato; no dia 30 de setembro, três dias antes das eleições, esbarrei com ele na Avenida Nossa Senhora de Copacabana, todo vibrante, cercado de amigos; deu-me um abraço formidável e me apresentou ao pessoal: "Este aqui é meu, de cabresto!"

Atulhou-me de cédulas.

Meu caro candidato:

Você deve ter notado que na 122.ª Seção da Quinta Zona, onde votei, você não teve nenhum voto. Palavra de honra que eu ia votar em você; levei sua cédula no bolso. Mas você estava tão garantido que preferi ajudar outro amigo com o meu votinho. Foi o diabo. Tenho a impressão de que os outros eleitores pensaram a mesma coisa, e nessa marcha da apuração, se você chegar a 300 votos ainda pode se consolar, que muitos outros terão muito menos do que isso. Aliás, quem também estava lá e votou logo depois de mim foi o Gonçalves dos selos.

Sabe uma coisa? Acho que esse negócio de voto secreto no fundo é uma indecência, só serve para ensinar o eleitor a mentir: a eleição é uma grande farsa, pois se o cidadão não pode assumir a responsabilidade de seu próprio voto, de sua opinião pessoal, que porcaria de República é esta?

Vou lhe dizer uma coisa com toda a franqueza: foi melhor assim. Melhor para você. Essa nossa Câmara Municipal não era mesmo lugar para um sujeito decente como você! É superdesmoralizada. Pense um pouco e me dará razão. Seu, de cabresto, o

Rubem.

Rio, outubro, 1958.

Entrevista com Machado de Assis

São trechos de um programa de televisão em que Machado de Assis é entrevistado 50 anos depois de sua morte. Suas respostas são frases que ele mesmo escreveu em crônicas, contos ou romances.

Repórter — O senhor gostava muito de jogar xadrez com o maestro Artur Napoleão, não é verdade?

Machado — "O xadrez, um jogo delicioso, por Deus! Imaginem da anarquia, onde a rainha come o peão, o peão come o bispo, o bispo come o cavalo, o cavalo come a rainha, e todos comem a todos. Graciosa anarquia..."

— Por falar em comer, é verdade que o senhor era vegetariano?

— "... eu era carnívoro por educação e vegetariano por princípio. Criaram-me a carne, mais carne, ainda carne, sempre carne. Quando cheguei à idade da razão e organizei o meu código de princípios, incluí nele o vegetarianismo; mas era tarde para a execução. Fiquei carnívoro."

— Que tal acha o nome da Capital de Minas?

— "Eu, se fosse Minas, mudava-lhe a denominação. Belo Horizonte parece antes uma exclamação que um nome."

— E a respeito da ingratidão?

— "Não te irrites se te pagarem mal um benefício; antes cair das nuvens que de um terceiro andar."

— E a imprensa de escândalo?

— "O maior pecado, depois do pecado, é a publicação do pecado."

— E esses camaradas que estão sempre na oposição?

— "O homem, uma vez criado, desobedeceu logo ao Criador, que aliás lhe dera um paraíso para viver; mas não há paraíso que valha o gosto da oposição."

— E o trabalho?

— "O trabalho é honesto, mas há outras ocupações pouco menos honestas e muito mais lucrativas."

— E a herança?

— "Há dessas lutas terríveis na alma de um homem. Não, ninguém sabe o que se passa no interior de um sobrinho, tendo de chorar a morte de um tio e receber-lhe a herança. Oh, contraste maldito! Aparentemente tudo se recomporia, desistindo o sobrinho do dinheiro herdado; ah! mas então seria chorar duas coisas: o tio e o dinheiro."

— E a loteria?

— "Loteria é mulher, pode acabar cedendo um dia."

— O senhor já ouviu falar da cantora Leny Eversong?

— "Quando eu era moço e andava pela Europa, ouvi dizer de certa cantora que era um elefante que engolira um rouxinol."

— E sobre dívidas?

— "Que é pagar uma dívida? É suprimir, sem necessidade urgente, a prova do crédito que um homem merece. Aumentá-la é fazer crescer a prova."

— Pode me dar uma boa definição do amor?

— "A melhor definição do amor não vale um beijo de moça namorada."

— E as brigas de galos?

— "A briga de galos é o Jockey Club dos pobres."

— O amor dura muito?

— "Marcela amou-me durante quinze meses e onze contos de réis; nada menos."

— E a honestidade?

— "Se achares três mil-réis, leva-os à polícia; se achares três contos, leva-os a um banco."

— E o Brasil?

— "O país real, esse é bom, revela os melhores instintos; mas o país oficial, esse é caricato e burlesco."

— E o sono?

— "Dormir é um modo interino de morrer."

— E os filhos?

— "Não tive filhos, não transmiti a nenhuma criatura o legado da nossa miséria."

— Muito obrigado, o senhor é muito franco em suas respostas.

— "A franqueza é a primeira virtude de um defunto."

— De qualquer modo, desculpe por havê-lo incomodado. Mas é que neste programa sempre entrevistamos alguém que já morreu...

— "Há tanta coisa gaiata por esse mundo que não vale a pena ir ao outro arrancar de lá os que dormem..."

Rio, outubro, 1958.

O Pavão

E considerei a glória de um pavão ostentando o esplendor de suas cores; é um luxo imperial.

Mas andei lendo livros, e descobri que aquelas cores todas não existem na pena do pavão. Não há pigmentos. O que há são minúsculas bolhas d'água em que a luz se fragmenta, como em um prisma. O pavão é um arco-íris de plumas.

Eu considerei que este é o luxo do grande artista, atingir o máximo de matizes com o mínimo de elementos. De água e luz ele faz seu esplendor; seu grande mistério é a simplicidade.

Considerei, por fim, que assim é o amor, oh! minha amada; de tudo que ele suscita e esplende e estremece e delira em mim existem apenas meus olhos recebendo a luz de teu olhar. Ele me cobre de glórias e me faz magnífico.

Rio, novembro, 1958.

Quando o Rio Não Era Rio

Naquele tempo o Rio não era o Rio. Eu me lembro muito bem quando começou essa moda de dizer: vou ao Rio, cheguei do Rio. Até então nós todos dizíamos solenemente: Rio de Janeiro. E nos debruçávamos sonhadoramente sobre os cartões-postais que as pessoas que iam ao Rio de Janeiro mandavam: o bondinho do Pão de Açúcar (que era de Assucar) e o Corcovado, ainda sem Cristo.

Mas havia dois palácios de maravilha para a nossa imaginação; seus nomes soavam belíssimos: a Galeria Cruzeiro e o Pavilhão Mourisco. Não consigo refazer a ideia que eu tinha da Galeria Cruzeiro, creio que era uma ideia que variava muito. Um grande recinto sem plateia mas com muitas galerias, ou um palácio em forma de túnel com um Cruzeiro do Sul aceso na fachada, algo de estranho e imenso, pois toda gente encontrava toda gente na Galeria Cruzeiro. O Pavilhão Mourisco, este para nós era feérico, cheio de minaretes; odaliscas, bandeiras e punhais, talvez camelos, pelo menos grandes camelos pintados entre oásis.

As pessoas grandes que chegavam do Rio traziam malas fabulosas, cheias de presentes para todos, além de dezenas de encomendas, todas escritas cuidadosamente em uma lista com letra feminina. Nós nos juntávamos todos para assistir à abertura das malas.

"Isto é para você!" Era fascinante receber um embrulho de presente com o nome da loja impresso na fita que o amarrava.

Mas o que mais me impressionou foi uma sopa juliana. Eu nunca tinha ouvido falar de sopa juliana, não era prato que se usasse em minha casa. E não gostei da sopa: era de verduras e legumes. Mas o espantoso é que vinha seca, em um envelope, e quando se punha n'água crescia, tomava cores. As coisas do Rio de Janeiro eram assim, cheias de milagres e de astúcias. E à noite, quando vinham visitas, os viajantes contavam as últimas anedotas do Rio de Janeiro, pois naquele tempo não havia rádio.

Lembro-me que, apesar de sentir esse fascínio do Rio de Janeiro, eu não pensava nunca em vir aqui. Isso simplesmente não me passava pela cabeça; o Rio era um lugar maravilhoso, onde vinham pessoas grandes e até eu pensava vagamente que no Rio de Janeiro só devia haver pessoas grandes. Era verdade que havia, por exemplo, um menino, o Zezé, filho de seu Osvaldo, que vinha ao Rio de Janeiro; ele usava sapatos, quando nós todos usávamos botinas. Mas, mesmo pelo fato de usar sapatos e vir ao Rio era como se ele fosse uma pessoa de outra raça, não uma criança como nós. Eu não chegava sequer a invejá-lo, tão diferente de nós eu o achava. Zezé tinha até um sapato de duas cores, branco e vermelho; e nós com nossas botinas pretas, sempre de bico esbranquiçado de tanto chutar pedra na rua, sempre com os cadarços meio arrebentados, difíceis de enfiar.

Fiquei muito espantado quando minha irmã, que vinha ao Rio com o marido, me convidou para vir também. Ela disse que era um prêmio porque eu tinha tirado boas notas nos exames. Lembro-me de que minhas notas tinham sido apenas regulares, de maneira que achei aquele convite uma honra, uma distinção que eu mesmo sabia que não merecia muito. Eu tinha nove anos, e essa irmã era minha madrinha.

Ficamos em uma casa de parente, na Rua Lopes Trovão, em Icaraí, ao lado do Campo de S. Bento, que achei lindo. Lembro-me de passear na calçada da praia com uma roupa de marinheiro, que tinha escrito no gorro: "Encouraçado São Paulo." E na proa da barca da Cantareira, ao chegar ao Cais Pharoux, Antônio Paraíso, que me trazia pela mão, dizer a um amigo: "Este cidadão vai pisar pela primeira vez o Rio de Janeiro."

Fomos encontrar minha irmã e meu cunhado na hora do almoço, na Casa Heim. Era a primeira vez que eu entrava em um restaurante e achei engraçado o nome, que pensava que fosse "in", então me corrigiram a pronúncia, dizendo que em alemão era assim: "ráim".

Mas riram muito de mim em Cachoeiro quando perceberam que a coisa de que eu mais havia gostado no Rio foi me deixarem ajudar a lavar a casa lá em Icaraí, despejar baldes d'água no assoalho de tábuas largas; porque eu falava mais disso que da Exposição do Centenário da Independência.

Rio, novembro, 1958.

Os Trovões de Antigamente

Estou dormindo no antigo quarto de meus pais; as duas janelas dão para o terreiro onde fica o imenso pé de fruta-pão, à cuja sombra cresci. O desenho de suas folhas recorta-se contra o céu; essa imagem das folhas do fruta-pão recortadas contra o céu é das mais antigas de minha infância, do tempo em que eu ainda dormia em uma pequena cama cercada de palhinha junto à janela da esquerda.

A tarde está quente. Deito-me um pouco para ler, mas deixo o livro, fico a olhar pela janela. Lá fora, uma galinha cacareja, como antigamente. E essa trovoada de verão é tão Cachoeiro, é tão minha casa em Cachoeiro! Não, não é verdade que em toda parte do mundo os trovões sejam iguais. Aqui os morros lhe dão um eco especial, que prolonga seu rumor. A altura e a posição das nuvens, do vento e dos morros que ladeiam as curvas do rio criam essa ressonância em que me reconheço menino, assustado e fascinado pela visão dos relâmpagos, esperando a chegada dos trovões e depois a chuva batendo grossa lá fora, na terra quente, invadindo a casa com seu cheiro. Diziam que São Pedro estava arrastando móveis, lavando a casa; e eu via o padroeiro de nossa terra, com suas barbas, empurrando móveis imensos, mas iguais aos de nossa casa, no assoalho do céu — certamente também feito assim, de tábuas largas. Parece que eu não acreditava na história, sabia que era apenas uma maneira de dizer, uma brincadeira, mas a imagem de São Pedro de camisolão empurrando um grande armário preto me ficou na memória.

Nossa casa era bem bonita, com varanda, caramanchão e o jardim grande ladeando a rua. Lembro-me confusamente de alguns canteiros, algumas flores e folhagens desse jardim que não existe mais; especialmente de uma grande touceira de espadas de São Jorge que a gente chamava apenas de "talas"; e, lá no fundo, o precioso pé de saboneteira que nos fornecia bolas pretas para o jogo de gude. Era uma grande riqueza, uma árvore tão sagrada como a fruta-pão e o cajueiro do alto do morro, árvores de nossa família, mas conhecidas por muita gente na cidade; nós também não conhecíamos os pés de carambola das Martins ou as mangueiras do Dr. Mesquita?

Sim, nossa casa era muito bonita, verde, com uma tamareira junto à varanda, mas eu invejava os que moravam do outro lado da rua, onde as casas dão fundos para o rio. Como a casa das Martins, como a casa dos Leão, que depois foi dos Medeiros, depois de nossa tia, casa com varanda fresquinha dando para o rio.

Quando começavam as chuvas a gente ia toda manhã lá no quintal deles ver até onde chegara a enchente. As águas barrentas subiam primeiro até a altura da cerca dos fundos, depois às bananeiras, vinham subindo o quintal, entravam pelo porão. Mais de uma vez, no meio da noite, o volume do rio cresceu tanto que a família defronte teve medo.

Então vinham todos dormir em nossa casa. Isso para nós era uma festa, aquela faina de arrumar camas nas salas, aquela intimidade improvisada e alegre. Parecia que as pessoas ficavam todas contentes, riam muito; como se fazia café e se tomava café tarde da noite! E às vezes o rio atravessava a rua, entrava pelo nosso porão, e me lembro que nós, os meninos, torcíamos para ele subir mais e mais. Sim, éramos a favor da enchente, ficávamos tristes de manhãzinha quando, mal saltando da cama, íamos correndo para ver que o rio baixara um palmo — aquilo era uma traição, uma fraqueza do Itapemirim. Às vezes chegava alguém a cavalo, dizia que lá para cima, pelo Castelo, tinha caído chuva muita, anunciava água nas cabeceiras, então dormíamos sonhando que a enchente ia outra vez crescer, queríamos sempre que aquela fosse a maior de todas as enchentes.

E naquelas tardes as trovoadas tinham esse mesmo ronco prolongado entre morros, diante das duas janelas do quarto de meus pais; eles trovejavam sobre nosso telhado e nosso pé de fruta-pão, os grandes, grossos trovões familiares de antigamente, os bons trovões do velho São Pedro.

Cachoeiro, dezembro, 1958.

Natal de Severino de Jesus

Severino de Jesus não seria anunciado por nenhuma estrela, mas por um mero disco voador.

Que seria seguido pela reportagem especializada.

O qual disco desceria junto à Hospedaria Getúlio Vargas, em Fortaleza, Ceará, abrigo dos retirantes.

Porém, Jesus não estaria na hospedaria, por falta de lugar.

Nem tampouco estaria no conforto de uma manjedoura.

Jesus estaria no colo de Maria, em uma rede encardida, debaixo de um cajueiro.

Porque é debaixo de cajueiros que vivem e morrem os meninos cujos pais não encontram lugar na hospedaria.

E Jesus estaria desidratado pela disenteria.

Mas sobreviveria, embora esquelético.

E cresceria barrigudinho.

E não iria ao templo discutir com os doutores, mas à Televisão responder a perguntas.

E haveria muitas perguntas cretinas.

Tais como:

Por que, sendo filho do Espírito Santo, você foi nascer no Ceará e não em Cachoeiro de Itapemirim?

Jesus sorriria. E desceria para o Nordeste.

E para viver, Jesus iria para o mangue catar sururu.

E desceria depois em um pau de arara até o Rio.

Onde faria vários serviços úteis, tais como:

Levar a trouxa de roupa suja de Maria.

Tocar tamborim.

Entregar cigarros de maconha.

Então Herodes ordenaria uma batida no morro.

Porém Jesus escaparia.

E seria roubado por um mendigo que o poria a tirar esmola na porta da igreja.

E sendo lourinho e de olhos azuis, parecido com Cristo, Jesus faria grandes férias.

Porém, tendo desviado uma notinha para comprar um picolé, levaria um sopapo na cara.

E escaparia do mendigo e seria protegido por Vitinho do Querosene.

Inocentemente, participaria de seu bando.

Inocentemente seria internado no SAM.

Depois seria egresso do SAM.

E aqui é que a porca torce o rabo, porque não sei mais o que vou fazer com meu herói.

Mesmo porque até hoje ninguém sabe o que fazer com um egresso do SAM.

Ele não tem posses bastantes para ingressar na juventude transviada.

Quem não ingressa continua egresso.

Os meninos se dividem em externos, internos, semi-internos e egressos.

O lema da bandeira se divide em ordem e progresso.

Enquanto o verdadeiro Cristo nasce em todo Natal e morre em toda Quaresma.

Eu conto esta história de Jesus menino, Severino de Jesus, para lembrar que:

Aquele Jesus que era o Cristo, que Ele nos abençoe.

Mas eu duvido um pouco que Ele nos abençoe.

Ele está preocupado com seu irmão Severino de Jesus, que eu, autor, abandonei.

Em vista do que ele se tornou o conhecido menor abandonado.

É impossível socorrer o menor abandonado, pois se assim se fizer ele deixará de ser abandonado.

E se não houver menores abandonados várias senhoras beneficentes ficarão sem ter o que fazer.

E vários senhores que falam na televisão sobre o problema dos menores abandonados não terão o que dizer.

E esta minha crônica de Natal não terá nenhuma razão de ser.

Rio, dezembro, 1958.

O Gavião

Gente olhando para o céu: não é mais disco voador. Disco voador perdeu o cartaz com tanto satélite beirando o sol e a lua. Olhamos todos para o céu em busca de algo mais sensacional e comovente — o gavião malvado, que mata pombas.

O centro da cidade do Rio de Janeiro retorna assim à contemplação de um drama bem antigo, e há o partido das pombas e o partido do gavião. Os pombistas ou pombeiros (qualquer palavra é melhor que "columbófilo") querem matar o gavião. Os amigos deste dizem que ele não é malvado tal; na verdade come a sua pombinha com a mesma inocência com que a pomba come seu grão de milho.

Não tomarei partido; admiro a túrgida inocência das pombas e também o lance magnífico em que o gavião se despenca sobre uma delas. Comer pombas é, como diria

Saint-Exupéry, "a verdade do gavião", mas matar um gavião no ar com um belo tiro pode também ser a verdade do caçador.

A verdade é que não posso mais falar de aves: dei meus passarinhos. No fim eram apenas um casal de canários e um corrupião. Faço muitas viagens curtas e achei que a empregada não cuidava deles bastante bem na minha ausência; mesmo que os cuidasse não lhes fazia companhia, pois mora longe. E o prazer de minhas pequenas viagens era estragado com a lembrança do corrupião tristemente trancado em uma sala o dia inteiro, sem ter com quem conversar, ele que é tão animado e tagarela. Sinto saudade deles (da canarinha, na verdade, não: era sem graça, e andava doente) e sem eles me sinto mais solteiro. Mas se, por exemplo, desaba uma chuvarada súbita, ainda me assusto pensando em tirar os bichos da varanda em que ficam nas noites quentes; quando me lembro que não estão mais comigo, que não devo mais ter esse susto e essa aflição, então me vem um certo alívio. Sou mais só, mas também mais livre.

Que o gavião mate a pomba e o homem mate alegremente o gavião; ao homem, se não houver outro bicho que o mate, pode lhe suceder que ele encontre seu gavião em outro homem. A vida é rapina. Perdi os cantos do meu canário e os assovios de meu sofrê; meu coração está mais triste, mas mais leve também.

Rio, julho, 1958.

Minha Morte em Nova York

A televisão continua ligada, mas emite apenas uma luz pálida, que me incomoda os olhos, e um ruído vago: mais de três da madrugada. Adormeci no meio de um *western* em que havia um bandido parecido comigo; no ardor de minha febre cheguei à conclusão de que na realidade era eu mesmo que estava na fita, embora procedendo mal: queria me defender, queria também diminuir o aquecimento do quarto, que estava insuportável, ou era apenas a minha febre?

Cento e quatro — dissera o médico. Sei bem que se trata de graus Fahrenheit; deve ser o equivalente a 40 centígrados; mas o número 104 me impressiona; a água ferve aos 100 graus, já devo ter fervido. Tentarei erguer-me, preciso desligar a televisão. Acendo a luz, que me bate dolorosamente nos olhos. Procuro os cigarros; o médico me mandou parar de fumar *a couple of days*; fácil para ele dizer isso: uns dois dias, *a couple of days*; mas para um homem estrangeiro e só, em um horrível quarto de hotel da Broadway, isso é uma eternidade que se subdivide vagamente em uma, duas horas de sono atormentado, quatro, cinco horas de vigília e muitas vezes um torpor neutro, com pesadelos quase acordados, tanta gente discutindo dentro de meu quarto em que na verdade não há ninguém.

"*Catch a cold*", pegar um resfriado, coisa banal; mas o segundo médico me deu penicilina, depois suspendeu; examinou-me a língua, a garganta, as costas, o peito, os ouvidos; tomou-me a temperatura, me fez algumas perguntas capciosas e disse a palavra terrível: *virus*. Vírus em português já não presta; mas enfim, a gente se acostuma; mas com a pronúncia inglesa a palavra toma outro sentido. Não é mais vírus, é "vairâss" — algo que provavelmente mata milhões na Ásia, uma peste devastadora...

"Vairâss"... e, ouvindo essa palavra, todos os amigos me olharam com espanto e se afastaram com medo: "vairâss"... E fiquei aqui solitário, o condenado, o empesteado, o morituro, o pária.

Ei-los aqui porém, os Smith Brothers, meus últimos amigos. Velhos amigos que eu não conhecia por minha desídia; mas quando fui comprar cigarros lá embaixo, no hotel, eu os vi, que ofereciam por 10 cêntimos suas pastilhas pretas para tosse. Um dos Smith tem as barbas longas; o outro, curtas. Como se chamarão, os Smith?

Um deles bem poderia ser o Augusto Frederico, ou um seu avô. Verdade que o nosso poeta tem um "ch" entre o

"S" e o "m"; mas isso pode ser aquisição do poeta, homem vivo e desenvolvimentista, e opal. Opal, quer dizer, da Opa. Estou com febre, dei para inventar palavras: morituro, opal... Opal é o Schmidt, morituro sou eu, no meu quarto de hotel. Essa última frase, bem pensando, dava rima em Portugal: eles têm a pronúncia meio resfriada, "eu" pode rimar com "hotel"; e por que não "d'hotel" no lugar de "de hotel"? Por que meus avós vieram para o Brasil? Nascido em Portugal eu seria um poeta português, não tenho dúvida. Cronista de jornal é que não seria; não teria vez com a imprensa escravizada ao chato Salazar; então daria para poeta ou, quem sabe, charadista. Ou enxadrista. Estou com febre.

Os Smith não me encaram; olham de banda: são bons sujeitos que dedicaram o último quartel do século dezenove a fazer essas balinhas pretas destinadas a aliviar minha tosse mais de 50 anos depois; mas por que um traz as barbas curtas, o outro, longas? Sob o retrato de um está escrito *trade*; sob o outro, *mark*. Imagino que se chamavam assim os bons irmãos, o Trade Smith e o Mark Smith. Hoje em dia a Smith Brothers, Inc. oferece três pacotes de balas grátis a quem comprar uma caneta esferográfica por 25 cêntimos; mas se cada pacote custa 10 cêntimos! O negócio é bom demais, dá para desconfiar; estou com pouco dinheiro nos Estados Unidos, não posso aplicar meu capital assim às loucas.

Vou morrer. Os irmãos Smith me enterrarão, todos dois chapéus na mão; Otávio Xavier Ferreira, que foi meu primeiro secretário de jornal e hoje é subchefe do Escritório Comercial do Brasil em Nova York, virá em nome do governo da República Brasileira e dos antigos companheiros de redação fazer uma despedida de mim, dizendo: "*he got virus and then he died; good night, sweet prince!*"

E sorrirá, sabendo o quanto eu morri amargo, e plebeu, o quanto!

Nova York, abril, 1959.

Montanha

Outro dia fui, à noite, a Santa Teresa, e ontem, à tarde, visitei um amigo na Clínica São Vicente. São raras, porém, minhas excursões pelas montanhas do Rio, por essa outra cidade — ou melhor, por essas outras cidades que há no Rio e dominam o Rio. Essas árvores antigas, esses muros imensos cercando o mistério dos parques e dos casarões, tudo isso tem um poder de beleza e de sossego.

O ar é mais fino; as coisas sonham em um quiriri fidalgo, desdenhando os vagos ruídos que vêm lá de baixo, da cidade. Por um instante a gente imagina viver assim, fora de toda agitação vã, para pensar com mais sossego a vida.

Por um curto instante; e se uma tristeza me pegar aqui, uma tristeza me bater no fim da tarde ou no começo da madrugada? Odiarei, com certeza, essas árvores lentas, e minha angústia recuará até o fim do século passado — as melancolias imperiais são longas, tediosas, sufocantes, lentas. Adoecerei, com certeza, de tédio monárquico, e me aplicarão enormes sanguessugas negras e roxas, fecharão todas as janelas com longos panos pretos, haverá um cheiro de vela apagada e de remoto mofo, e receberei a extrema-unção de um padre gordo e lerdo de imensa batina desbotada. Homens pálidos, de luto, me enterrarão em uma cova demasiado úmida, e quando eu estiver bem defunto, no total escuro, vestido de preto, calçado com enormes botinas pretas, minha amada estará nadando em luz no Arpoador matinal, entre gaivotas e espumas, quase nua.

Rio, junho, 1959.

Ardendo Sobre o Rochedo

Foi então que, tendo repelido os apalaches, fiz meus quartéis de verão nas Ilhas Ébrias.

Ora, em uma dessas ilhas, a que tem o nome de Almenara, havia um homem chamado Emiliano;

Que vivia em uma choupana diante de uma pequena Angra, por isso mesmo conhecida como Angra Emiliana.

Pois há homens que são como cabos, outros que semelham ilhas, outros que parecem cubos de concreto.

Mas Emiliano é como que uma angra; nele todos os barcos têm porto inseguro, mas franco; e farta aguada.

Embora o perigo das cascavéis.

O clima é harto quente, mas chuvoso; e há ninfas.

No Calendário Emiliano os dias não se juntam em meses e anos, mas em procissões e piracemas.

E as noites são negras e brilhantes como auroras secretas. São como auroras.

Nossos baralhos tinham passado pelas mãos de muitas gerações, e mal se distinguia neles um rei de uma sota.

Jogávamos incessantemente, apostando cocos, siris e barregãs.

E o fumo de nossos vícios formava uma nuvem sobre nossas cabeças.

E jogávamos sempre e sempre, dizendo blasfêmias.

Até que essa nuvem, pejada e enegrecida, se rompia em raios e aguaceiros. Sobre as nossas cabeças.

Quando o mulungu dava suas flores, esse dia era chamado domingo.

E frequentávamos as moitas de pitangueiras e comíamos tristes jenipapos que as velhas mulheres da aldeia assavam com açúcar preto em seus fornos de barro.

Porém, quando soprava o sudoeste, Emiliano d'Almenara envolvia-se no silêncio de seus brocados barrocos.

Então não havia chamá-lo para os jogos nem para as danças e cauim;

Porque seu coração era enegrecido de soberba.

Emiliano d'Angra.

D'Angra d'Almenara.

Assim chamada por um facho que em muitas noites antigas era visto ardendo sobre o rochedo.

Era o coração de Emiliano ardendo sobre o rochedo.

Rio, julho, 1959.

A Tartaruga

Moradores de Copacabana, comprai vossos peixes na Peixaria Bolívar, Rua Bolívar, 70, de propriedade do Sr. Francisco Mandarino. Porque eis que ele é um homem de bem.

O caso foi que lhe mandaram uma tartaruga de cerca de 150 quilos, dois metros e (dizem) 200 anos, a qual ele expôs em sua peixaria durante três dias e não a quis vender; e a levou até a praia, e a soltou no mar.

Havia um poeta dormindo dentro do comerciante, e ele reverenciou a vida e a liberdade na imagem de uma tartaruga.

Nunca mateis a tartaruga.

Uma vez, na casa de meu pai, nós matamos uma tartaruga. Era uma grande, velha tartaruga-do-mar que um compadre pescador nos mandara para Cachoeiro.

Juntam-se homens para matar uma tartaruga, e ela resiste horas. Cortam-lhe a cabeça, ela continua a bater as nadadeiras. Arrancam-lhe o coração, ele continua a pulsar. A vida está entranhada nos seus tecidos com uma teimosia que inspira respeito e medo. Um pedaço de carne cortado, jogado ao chão, treme sozinho, de súbito. Sua agonia é horrível e insistente como um pesadelo.

De repente os homens param e se entreolham, com o vago sentimento de estar cometendo um crime.

Moradores de Copacabana, comprai vossos peixes na Peixaria Bolívar, de Francisco Mandarino, porque nele, em um momento belo de sua vida, o poeta venceu o comerciante. Porque ele não matou a tartaruga.

Rio, julho, 1959.

Na Rede

Deito-me na rede, olho as nuvens vagabundas. Creio que aquelas que estão paradas lá longe, branquinhas, espichadas como franjas, se chamam cirros; e essas gordas, brancas, que brilham ao sol aqui mais perto se chamam cúmulos. Mas não é preciso saber seus nomes; deixo-me levar pela fantasia de suas esculturas, e vou vagando ao sabor de seus caprichos. Direis que essa ocupação não é construtiva; responderei que estou contemplando o céu de minha Pátria. Sempre é algo de nobre e afinal há momentos em que a gente se cansa de olhar a terra e os homens.

Pego o livro do padre Antônio Vieira e me deleito quando ele conta o amor de Santa Teresa por Jesus Cristo. Que diferença entre o amor divino e esses outros amores, os profanos, em que nos atolamos aqui neste vale de lágrimas!

Ouçamos a santa: "Senhor, que se me dá a mim de mim sem vós? Por que eu sem vós não sou eu: e de mim, que não sou eu, que se me dá a mim?"

A isso Vieira chama "divina implicação".

Estas palavras Santa Teresa ouviu de Cristo: "Teresa, eu amei a Madalena estando na terra, porém a ti amo-te estando no céu."

Sobre o que, comenta o padre que isso é uma extrema fineza, pois "as bem-aventuranças são desaforáveis, e não há maior inimigo do amor que a felicidade". E faz suas comparações sobre os amores de Cristo:

"A Madalena, como tão amante e tão amada, estando na terra, mandava-a Cristo levar ao céu, para que fosse ouvir as músicas dos anjos: e Teresa estando na terra amava tanto e era tão amada que, estando Cristo no céu, deixava as músicas dos anjos para vir conversar com Teresa na terra."

Mas o sermão é longo, e a mim e ao leitor nos convém que a crônica seja curta. Deixemos o bom Vieira tratar dos amores divinos. Volto à rede, e às nuvens. A mais gordinha se esfiapou um pouco nas bordas e está passando sobre meu telhado, rumo ao norte. Boa viagem, irmã, cuidado com esse vento, vê lá aonde ele te vai levando...

Mas ela passa muito serena.

Rio, julho, 1959.

A Nuvem

— Fico admirado como é que você, morando nesta cidade, consegue escrever uma semana inteira sem reclamar, sem protestar, sem espinafrar!

E meu amigo falou de água, telefone, Light em geral, carne, batata, transporte, custo de vida, buracos na rua, etc., etc., etc.

Meu amigo está, como dizem as pessoas exageradas, grávido de razões. Mas que posso fazer? Até que tenho reclamado muito isto e aquilo. Mas se eu for ficar rezingando todo dia, estou roubado: quem é que vai aguentar me ler? Acho que o leitor gosta de ver suas queixas no jornal, mas em termos.

Além disso, a verdade não está apenas nos buracos das ruas e outras mazelas. Não é verdade que as amendoeiras neste inverno deram um *show* luxuoso de folhas vermelhas voando no ar? E ficaria demasiado feio eu confessar que há uma jovem gostando de mim? Ah, bem sei que esses encantamentos de moça por um senhor maduro duram pouco. São caprichos de certa fase. Mas que importa? Esse carinho me faz bem; eu o recebo terna e gravemente; sem melancolia, porque sem ilusão. Ele se irá como veio, leve nuvem solta na brisa, que se tinge um instante de púrpura sobre as cinzas de meu crepúsculo.

E olhem só que tipo de frase estou escrevendo! Tome tenência, velho Braga. Deixe a nuvem, olhe para o chão — e seus tradicionais buracos.

Rio, agosto, 1959.

Quarto de Moça

Alguém me fala do apartamento em que você morou em Paris, em uma pequena praça cheia de árvores; outra pessoa esteve em sua casa de Nápoles: eu me calo. Mas, eu conheci seu quarto de solteira. Era pequeno, gracioso e azul; ou é a distância que o azula na minha lembrança? Junto à janela havia uma grande amendoeira antiga; às vezes o vento levava para dentro uma grande folha cor de cobre — gentileza da amendoeira. Que tinha outras: pássaros, quase sempre pardais, às vezes um tico-tico, ou uma rolinha, ou um casal de sanhaços azulados. E no verão, como as cigarras ziniam! Lembro o armário escuro e simples, onde cabiam seus vestidos de solteira, que não eram muitos; e lembro alguns deles, um roxinho singelo, um estampado alegre, de flores, um outro de linho grosso, cor de areia. Havia uma pequena estante; e, entre os livros, o meu primeiro livro, com uma dedicatória tímida. Na parede, uma fotografia, uma imagem de santa, e uma reprodução de Piero della Francesca, não era?

Era simples, seu quarto de menina e de moça; mas tinha uma graça leve e singela, e você o amava. Dali partiu para tantas outras casas e hotéis em outras cidades do mundo, e um dia soube que haviam derrubado sua casa. Contaram-me, achando graça, você chorou quando teve a notícia, chorou como se tivesse perdido pai ou mãe, alguém muito querido. Contaram-me achando graça — e eu não disse nada, mas me comovi.

Nossa amizade se perdeu no acaso das viagens; outros homens sabem muito mais sobre você, viveram sua alegria e seu sofrimento; de mim você terá apenas uma lembrança distante e, espero, boa. Mas, se um dia você se sentisse vazia e sem apoio, e achasse as coisas tão sem sentido, eu imagino que você gostaria que eu reconstruísse no ar, como um presente, um presente para proteger e embalar você, o seu pequeno quarto azul que não existe mais.

Conheci seu quarto de solteira; lembro a cama, o armário, a estante, a cômoda, a mesinha, o abajur e o grande espelho. O grande espelho onde às vezes, ainda mocinha, vinda do banho, você se olhava demoradamente — pensativamente — nua.

Rio, setembro, 1959.

A Outra Noite

Outro dia fui a São Paulo e resolvi voltar à noite, uma noite de vento sul e chuva, tanto lá como aqui. Quando vinha para casa de táxi, encontrei um amigo e o trouxe até Copacabana; e contei a ele que lá em cima, além das nuvens, estava um luar lindo, de lua cheia; e que as nuvens feias que cobriam a cidade eram, vistas de cima, enluaradas, colchões de sonho, alvas, uma paisagem irreal.

Depois que o meu amigo desceu do carro, o chofer aproveitou um sinal fechado para voltar-se para mim:

— O senhor vai desculpar, eu estava aqui a ouvir sua conversa. Mas, tem mesmo luar lá em cima?

Confirmei: sim, acima da nossa noite preta e enlamaçada e torpe havia uma outra — pura, perfeita e linda.

— Mas, que coisa...

Ele chegou a pôr a cabeça fora do carro para olhar o céu fechado de chuva. Depois continuou guiando mais lentamente. Não sei se sonhava em ser aviador ou pensava em outra coisa.

— Ora, sim senhor...

E, quando saltei e paguei a corrida, ele me disse um "boa noite" e um "muito obrigado ao senhor" tão sinceros, tão veementes, como se eu lhe tivesse feito um presente de rei.

Rio, setembro, 1959.

Batismo

Ir à praia cedo, como na infância. As ilhas no horizonte ainda estão veladas pela névoa da madrugada. O mar andou bravo esta noite, arrancando algas e mexilhões das pedras, em seu grande assanhamento de lua; respirar seu hálito acre; dar um mergulho na água fria, na praia ainda solitária, levar umas pancadas de onda, voltar para o sol na areia. E andar à toa ao longo da praia, chapinhando na espuma branca.

Mas encontro, com surpresa, uma senhora conhecida. Ela traz pela primeira vez à praia o seu menino, que deve ter dois anos. Fala com ele, ergue-o no ar, brinca, ri, toda contente de ver seu menino nu brilhando ao sol matinal. Vou seguir caminho, mas me detenho a olhá-la: carregou a criança para junto da espuma. O garoto, que ria, olha pela primeira vez, assim de perto, o mar; e está sério. Uma língua de espuma avança até seu pezinho. Ele choraminga, olha a mãe que o excita, rindo, batendo palmas. Ele se anima outra vez, talvez sinta que o mar é bom, é um novo brinquedo da mãe. Outra espuma se aproxima, mas não chega até ele; a mãe avança o braço, bate com a palma aberta na água, sempre falando, rindo. Ele olha, entre inquieto e divertido. Vem outra onda, mas a mãe o ergue no ar; a água fria beija apenas os seus pezinhos.

Eu me afasto mais; longe, me sento na areia, e fico olhando o quadro. Contra a luz, já não distingo as feições nem ouço a voz da mulher. Assim, com a silhueta cortada contra a luz que se reflete no chão molhado, ela parece estar nua com o seu menino. É apenas uma jovem fêmea que ensina o mar e o mundo à sua cria; transmite-lhe a experiência da espécie e o sentimento dos deuses; na sua graça matinal esse batismo tem uma beleza solene.

Rio, setembro, 1959.

A Deus e ao Diabo Também

Ela então me contou seus pecados; primeiro o primeiro, quando ainda era mocinha; depois o mais feio, que foi uma coisa que ela não queria, foi resistindo, mas você compreende, chegou a um ponto em que não dava mais jeito. O pior é que nessa ocasião tinha um rapaz de quem ela gostava muito e queria ser fiel a ele; "foi sujeira", confessa, "foi sujeira minha"; mas a verdade é que a coisa veio devagar, foi aceitando presentes, depois não sabia o que seria mais vigarista: negar-se ou dar-se; aliás tinha uma simpatia sincera pelo sujeito; mas gostar mesmo era do outro. E contou mais algumas coisas. Disse uma palavra feia a respeito de si mesma e pediu minha opinião:

— Não é verdade? — me olhando nos olhos.

Calei-me; ela insistiu, eu fiz uma evasiva meiga:

— Você é um amor.

Então, meu Deus, ela se pôs filosófica. Esticou o longo corpo no sofá, sustentou a cabeça nas mãos:

— Esta vida...

E disse coisas; mas sempre queria saber minha opinião. Que eu era um homem vivido, eu sabia as coisas, era um escritor. Ponderei que essas coisas quem sabe melhor é padre; de preferência padre velho, que já ouviu muita história, sabe dar conselho. Disse que não; que padre, ela já sabe o que padre vai dizer, de maneira que não adianta; "não gosto de padres".

— Mas você não é católica?

Era, mas não gostava de padres. Isto é, conheceu um padre que era formidável, aliás, era um frade. "Qual é a diferença?" Dei uma resposta vaga, ela fez "ahn..." e virou-se, ergueu uma longa perna no ar, em um movimento perfeito: "Preciso voltar a fazer *ballet*, eu ando muito preguiçosa."

Depois, com o olho triste, confessou que às vezes danava a pensar no futuro, tinha medo. Notei:

— "Pensava no futuro e tinha medo." Isto é um verso de Augusto dos Anjos, você disse quase igual.

Ficou encantada em ter dito uma coisa parecida com o verso de um poeta; pensei em dizer que ela fazia poesia como *monsieur* Jordan fazia prosa, mas a citação era muito trivial e, no caso, daria muito trabalho explicar. Agora ela estava deitada com as mãos atrás da cabeça (os seios quase sumiam) e erguendo as pernas fazia flexões de joelho, perfeitas.

— Quanto livro você tem aí! Eu sou tão ignorante! Precisava ler muitos livros.

Ergueu-se, tirou um livro da estante. Era *Soviet Economic Aid*, de Berliner. Pegou outro, era *O fantasma da inflação*, de Humberto Bastos. Olhou as capas, comentou apenas:

— Eu sou burra...

— Por que você usa esse penteado assim?

Então ela confessou que tinha a testa muito feia. Aliás achava que tinha muitas coisas feias.

— Eu sou cheia de complexos.

Eu disse com sinceridade:

— Você devia toda manhã agradecer a Deus, ajoelhada, tudo o que Ele lhe deu.

Ela riu, ensaiou uns passos de *ballet*, elevou no ar um pé nu:

— A Deus ou ao Diabo?

— Ao Diabo também.

Sem interromper o exercício, ela me olhou de lado:

— Você é gozado.

Rio, outubro, 1959.

Visita de uma Senhora do Bairro

Um casal tinha almoçado comigo e saíra. Fiquei sozinho em casa, pensando numas coisas que tinham me dito sobre aquele casal, imaginando o que seria verdade, o que seria exagero. Era hora de fazer crônica, mas eu estava sem vontade nenhuma de escrever. Foi então que bateram à porta e eu abri.

— Posso entrar?

— Claro.

Era bonita, morena. Tinha um lenço na cabeça, óculos escuros, uma blusa de cores alegres, saia branca, as pernas nuas, sandálias sem salto. De seu corpo vinha um cheiro fresco de água de colônia.

— Você não me conhece não.

Morava no bairro, já tinha me visto uma vez na praia e era casada: "Vivo muito bem com meu marido. Mas se ele soubesse que eu vim aqui ficaria furioso, você não acha?"

— Claro.

Perguntou se eu só sabia dizer "claro". Bem lhe haviam dito que eu às vezes sou inteligente escrevendo, mas falando sou muito burro. Para irritá-la, concordei:

— Claro.

Mas ela sorriu. Perguntou se eu fazia questão de saber seu nome; era melhor não dizer, aliás eu conhecia ligeiramente seu marido, já estivera com ele em mesa de bar, mas talvez não ligasse o nome à pessoa. Tive vontade de dizer outra vez "claro", mas seria excessivo; fiquei quieto. Então ela disse que há muito tempo lia minhas coisas, gostava muito, isto é, às vezes achava chato, mas tinha vezes que achava formidável:

— Você uma vez escreveu uma coisa que parecia que você conhecia todos os meus segredos, me conhecia toda como eu sou por dentro. Como é que pode? Como que um homem pode sentir essas coisas? Você é homem mesmo?

Respondi que sim; era, mas sem exagero. Aliás, está provado que cada pessoa de um sexo tem certas características do sexo oposto, ninguém é totalmente macho nem fêmea.

— Quer dizer que você é mais ou menos?

— Mais ou menos.

— O que você é, é muito cínico. Engraçado, escrevendo não dá ideia. Tem umas coisas românticas...

— Todo mundo tem umas coisas românticas. Mas na minha idade ninguém é realmente romântico, a menos que seja palerma.

Perguntou-me a idade, eu disse. Espantou-se:

— Puxa, quase o dobro da minha! É mesmo, você já está muito velho. Isto é, velho, velho mesmo, não, mas para mim está. Que pena!

— "Que pena" digo eu. Se eu soubesse teria pedido a meus pais para me fazerem mais tarde, depois de outros filhos; mas não poderia prever que só iria encontrá-la em 1959. Agora acho que já fica difícil tomar qualquer providência. Uma pena.

Ela disse que eu estava lhe fazendo "um galanteio gaiato"; mas não deve ter ficado aborrecida, porque me fez um elogio:

— Você não é burro, não.

Agradeci gravemente, e perguntei a que devia, afinal de contas, o prazer de sua visita.

— Besteira. Uma besteira minha. Eu gosto muito de meu marido.

E então, subitamente, jogou-se na poltrona e desandou a chorar. Pus a mão em seu ombro e delicadamente aconselhei-a a ir-se embora. Ergueu-se, refazendo-se, abriu a bolsa, retocou a pintura, espiou o reloginho de pulso — "é mesmo, está na hora de meu analista" —, despediu-se com um *ciao* e foi-se embora para nunca mais.

Rio, outubro, 1959.

A Palavra

Tanto que tenho falado, tanto que tenho escrito — como não imaginar que, sem querer, feri alguém? Às vezes sinto, numa pessoa que acabo de conhecer, uma hostilidade surda, ou uma reticência de mágoas. Imprudente ofício é este, de viver em voz alta.

Às vezes, também a gente tem o consolo de saber que alguma coisa que se disse por acaso ajudou alguém a se reconciliar consigo mesmo ou com a sua vida de cada dia; a sonhar um pouco, a sentir uma vontade de fazer alguma coisa boa.

Agora sei que outro dia eu disse uma palavra que fez bem a alguém. Nunca saberei que palavra foi; deve ter sido alguma frase espontânea e distraída que eu disse com naturalidade porque senti no momento — e depois esqueci.

Tenho uma amiga que certa vez ganhou um canário, e o canário não cantava. Deram-lhe receitas para fazer o canário cantar; que falasse com ele, cantarolasse, batesse alguma coisa ao piano; que pusesse a gaiola perto quando trabalhasse em sua máquina de costura; que arranjasse para lhe fazer companhia, algum tempo, outro canário cantador; até mesmo que ligasse o rádio um pouco alto durante uma transmissão de jogo de futebol... mas o canário não cantava.

Um dia a minha amiga estava sozinha em casa, distraída, e assobiou uma pequena frase melódica de Beethoven — e o canário começou a cantar alegremente. Haveria alguma secreta ligação entre a alma do velho artista morto e o pequeno pássaro cor de ouro?

Alguma coisa que eu disse distraído — talvez palavras de algum poeta antigo — foi despertar melodias esquecidas dentro da alma de alguém. Foi como se a gente soubesse que de repente, num reino muito distante, uma princesa muito triste tivesse sorrido. E isso fizesse bem ao coração do povo; iluminasse um pouco as suas pobres choupanas e as suas remotas esperanças.

Rio, novembro, 1959.

Nascer no Cairo, Ser Fêmea de Cupim

Conhece o vocábulo escardinchar? Qual o feminino de cupim? Qual o antônimo de póstumo? Como se chama o natural do Cairo?

O leitor que responder "não sei" a todas estas perguntas não passará provavelmente em nenhuma prova de Português de nenhum concurso oficial. Mas, se isso pode servir de algum consolo à sua ignorância, receberá um abraço de felicitações deste modesto cronista, seu semelhante e seu irmão.

Porque a verdade é que eu também não sei. Você dirá, meu caro professor de Português, que eu não deveria confessar isso; que é uma vergonha para mim, que vivo de escrever, não conhecer o meu instrumento de trabalho, que é a língua.

Concordo. Confesso que escrevo de palpite, como outras pessoas tocam piano de ouvido. De vez em quando um leitor culto se irrita comigo e me manda um recorte de crônica anotado, apontando erros de Português. Um deles chegou a me passar um telegrama, felicitando-me porque não encontrara, na minha crônica daquele dia, um só erro de Português; acrescentava que eu produzira uma "página de bom vernáculo, exemplar". Tive vontade de responder: "Mera coincidência" — mas não o fiz para não entristecer o homem.

Espero que uma velhice tranquila — no hospital ou na cadeia, com seus longos ócios — me permita um dia estudar com toda calma a nossa língua, e me penitenciar dos abusos que tenho praticado contra a sua pulcritude. (Sabem qual o superlativo de pulcro? Isto eu sei por acaso: pulquérrimo! Mas não é desanimador saber uma coisa dessas? Que me aconteceria se eu dissesse a uma bela dama: a senhora é pulquérrima? Eu poderia me queixar se o seu marido me descesse a mão?)

Alguém já me escreveu também — que eu sou um escoteiro ao contrário. "Cada dia você parece que tem de praticar a sua má ação — contra a língua." Mas acho que isso é exagero.

Como também é exagero saber o que quer dizer escardinchar. Já estou mais perto dos cinquenta que dos quarenta; vivo de meu trabalho quase sempre honrado, gozo de boa saúde e estou até gordo demais, pensando em meter um regime no organismo — e nunca soube o que fosse escardinchar. Espero que nunca, na minha vida, tenha escardinchado ninguém; se o fiz, mereço desculpas, pois nunca tive essa intenção.

Vários problemas e algumas mulheres já me tiraram o sono, mas não o feminino de cupim. Morrerei sem saber isso. E o pior é que não quero saber; nego-me terminantemente a saber, e, se o senhor é um desses cavalheiros que sabem qual é o feminino de cupim, tenha a bondade de não me cumprimentar.

Por que exigir essas coisas dos candidatos aos nossos cargos públicos? Por que fazer do estudo da língua portuguesa uma série de alçapões e adivinhas, como essas histórias que uma pessoa conta para "pegar" as outras? O habitante do Cairo pode ser cairense, cairel, caireta, cairota ou cairiri — e a única utilidade de saber qual a palavra certa será para decifrar um problema de palavras cruzadas. Vocês não acham que nossos funcionários públicos já gastam uma parte excessiva do expediente matando palavras cruzadas da *Última Hora* ou lendo o horóscopo e as histórias em quadrinhos de *O Globo*?

No fundo o que esse tipo de gramático deseja é tornar a língua portuguesa odiosa; não alguma coisa através da qual as pessoas se entendam, mas um instrumento de suplício e de opressão que ele, gramático, aplica sobre nós, os ignaros.

Mas a mim é que não me escardincham assim, sem mais nem menos: não sou fêmea de cupim nem antônimo de póstumo nenhum; e sou cachoeirense, de Cachoeiro, honradamente — de Cachoeiro de Itapemirim!

Rio, novembro, 1959.

O Homem e a Cidade

Agora, que não preciso mais ir à cidade todo dia, descubro um prazer novo em andar por essas velhas ruas do centro onde tanto vaguei outrora.

E pego um estranho dia de verão: há um alto nevoeiro aéreo sob o céu azul, mas o vento espanta alegremente as nuvens esgotadas de chover; o ar é fino, a luz é clara, a manhã é assanhada, com uma alegria de convalescente que pela primeira vez, depois de longa doença, sai a passear entre as árvores, o mar e as montanhas azuis.

Parece que estamos em maio ou setembro, num desses dias cambiantes e leves em que as folhas têm um brilho mais feliz. E sinto prazer em andar pela calçada larga da Rua do Passeio, em espiar as grandes vitrinas coloridas de presentes de Natal. (Não quero comprar nada, não preciso ganhar mais nada, não é verdade que recebi na minha porta a graça juvenil de uma rosa amarela?)

A calçada está cheia de gente, e é doce a gente se deixar ir andando à toa. Na Rua Senador Dantas vejo livros, camisas, aparelhos elétricos, discos, fuzis submarinos, gravatas; e os cartazes dizem que tudo é muito barato e fácil de comprar, os cartazes me fazem ofertas especiais para levar agora e só começar a pagar em fevereiro... Muito obrigado, muito obrigado, mas não preciso de nada. Entretanto, gosto de ver essa fartura de coisas: fico parado numa porta de mercearia contemplando reluzentes goiabadas e frascos de vinho, bebidas e gulodices de toda a espécie que vieram de terras longes se oferecerem a mim.

Mas de repente houve alguma coisa — a visão de um muro, o som de uma vitrola distante, algum rosto no meio da multidão? —, alguma coisa que me devolveu ao meu ser antigo. Sou um rapaz magro nesta mesma rua, sou o verdadeiro estudante de 1929 e talvez cruze numa esquina, sem conhecê-la ainda, aquela que há de ser a minha amada, e tire do bolso a minha carteirinha da Faculdade para ter direito ao abatimento no cinema. Mas logo, por um instante, sou o homem dramático e silencioso de 1938, e caminho carregado de angústia por essa calçada que, entretanto, é a mesma de hoje — há o vento palpitando nos vestidos coloridos de mulheres finas que sorriem com dentes muito brancos entre os lábios úmidos. E vou andando, tomo um café, sinto uma grande ternura pela cidade grande onde outrora te amei tanto, tanto, oh! para sempre perdida Lenora.

Lenora... E me dá uma humildade entre o povo, completo o dinheiro da entrada de um menino que quer ir ao cinema, espero um bonde, ajudo uma senhora gorda a subir com seu embrulho, ela agradece e sorri, é cinquentona e pobre, mas seu sorriso é bom, ela e eu somos cidadãos da mesma cidade e antes de saltar ela me desejará boas-entradas. Vem o condutor, tem cara de alemão e é gordo, mas ágil e paciente, todos pagam sua passagem na boa ordem civil e cordial. Um homem conduz uma gaiola dentro do bonde, todos querem ver o passarinho — é um pintassilgo, diz ele.

Quieto, vou repetindo sem voz, para mim mesmo, teu nome, Lenora — perdida, para sempre perdida, mas tão viva, tão linda, batendo os saltos na calçada, andando de cabelos ao vento dentro da minha cidade e de minha saudade, Lenora.

Rio, janeiro, 1960.

A Minha Glória Literária

"Quando a alma vibra, atormentada..."

Tremi de emoção ao ver essas palavras impressas. E lá estava o meu nome, que pela primeira vez eu via em letra de forma. O jornal era *O Itapemirim*, órgão oficial do Grêmio Domingos Martins, dos alunos do Colégio Pedro Palácios, de Cachoeiro de Itapemirim, Estado do Espírito Santo.

O professor de Português passara uma composição: *A Lágrima*. Não tive dúvidas: peguei a pena e me pus a dizer coisas sublimes. Ganhei 10, e ainda por cima a composição foi publicada no jornalzinho do colégio. Não era para menos:

"Quando a alma vibra, atormentada, às pulsações de um coração amargurado pelo peso da desgraça, este, numa explosão irremediável, num desabafo sincero de infortúnios, angústias e mágoas indefiníveis, externa-se, oprimido, por uma gota de água ardente como o desejo e consoladora como a esperança; e esta pérola de amargura arrebatada pela dor ao oceano tumultuoso da alma dilacerada é a própria essência do sofrimento: é a lágrima." É claro que eu não parava aí. Vêm, depois, outras belezas; eu chamo a lágrima de "traidora inconsciente dos segredos d'alma", descubro que ela "amolece os corações mais duros" e também (o que é mais estranho) "endurece os corações mais moles". E acabo com certo exagero dizendo que ela foi "sempre, através da História, a realizadora dos maiores empreendimentos, a salvadora miraculosa de cidades e nações, talismã encantado de vingança e crime, de brandura e perdão".

Sim, eu era um pouco exagerado; hoje não me arriscaria a afirmar tantas coisas. Mas o importante é que minha composição abafara e tanto que não faltou um colega despeitado que pusesse em dúvida a sua autoria: eu devia ter copiado aquilo de algum almanaque.

A suspeita tinha seus motivos: tímido e malfalante, meio emburrado na conversa, eu não parecia capaz de tamanha eloquência. O fato é que a suspeita não me feriu, antes me orgulhou; e a recebi com desdém, sem sequer desmentir a acusação. Veriam, eu sabia escrever coisas loucas; dispunha secretamente de um imenso estoque de "corações amargurados", "pérolas da amargura" e "talismãs encantados" para embasbacar os incréus; veriam...

Uma semana depois o professor mandou que nós todos escrevêssemos sobre a Bandeira Nacional. Foi então que — dá-lhe Braga! — meti uma bossa que deixou todos maravilhados. Minha composição tinha poucas linhas, mas era nada menos que uma paráfrase do Padre-Nosso, que começava assim: "Bandeira nossa, que estais no céu..."

Não me lembro do resto, mas era divino. Ganhei novamente 10, e o professor fez questão de ler, ele mesmo, a minha obrinha para a classe estupefata. Essa composição não foi publicada porque *O Itapemirim* deixara de sair, mas duas meninas — glória suave! — tiraram cópias, porque acharam uma beleza.

Foi logo depois das férias de junho que o professor passou nova composição: *Amanhecer na Fazenda*. Ora, eu tinha passado uns quinze dias na Boa Esperança, fazenda de meu tio Cristóvão, e estava muito bem-informado sobre os amanheceres da mesma. Peguei da pena e fui contando com a maior facilidade. Passarinhos, galinhas, patos, uma negra jogando milho para as galinhas e os patos, um menino tirando leite da vaca, vaca mugindo... e no fim achei que ficava bonito, para fazer *pendant* com essa vaca mugindo (assim como "consoladora como a esperança" combinara com "ardente como o desejo"), um "burro zurrando". Depois fiz parágrafo, e repeti o mesmo zurro com um advérbio de modo, para fecho de ouro:

"Um burro zurrando escandalosamente."

Foi minha desgraça. O professor disse que daquela vez o senhor Braga o havia decepcionado, não tinha levado a sério seu dever e não merecia uma nota maior do que 5; e para mostrar como era ruim minha composição leu aquele final: "um burro zurrando escandalosamente".

Foi uma gargalhada geral dos alunos, uma gargalhada que era uma grande vaia cruel. Sorri amarelo. Minha glória literária fora por água abaixo.

Rio, janeiro, 1960.

Quem Sabe Deus Está Ouvindo

Outro dia eu estava distraído, chupando um caju na varanda, e fiquei com a castanha na mão, sem saber onde botar. Perto de mim havia um vaso de antúrio; pus a castanha ali, calcando-a um pouco para entrar na terra, sem sequer me dar conta do que fazia.

Na semana seguinte a empregada me chamou a atenção: a castanha estava brotando. Alguma coisa verde saía da terra, em forma de concha. Dois ou três dias depois acordei cedo, e vi que durante a noite aquela coisa verde lançara para o ar um caule com pequenas folhas. É impressionante a rapidez com que essa plantinha cresce e vai abrindo folhas novas. Notei que a empregada regava com especial carinho a planta, e caçoei dela:

— Você vai criar um cajueiro aí?

Embaraçada, ela confessou: tinha de arrancar a mudinha, naturalmente; mas estava com pena.

— Mas é melhor arrancar logo, não é?

Fiquei em silêncio. Seria exagero dizer: silêncio criminoso — mas confesso que havia nele um certo remorso. Um silêncio covarde. Não tenho terra onde plantar um cajueiro, e seria uma tolice permitir que ele crescesse ali mais alguns centímetros, sem nenhum futuro. Eu fora o culpado, com meu gesto leviano de enterrar a castanha, mas isso a empregada não sabe; ela pensa que tudo foi obra do acaso. Arrancar a plantinha com a minha mão — disso eu não seria capaz; nem mesmo dar ordem para que ela o fizesse. Se ela o fizer, darei de ombros e não pensarei mais no caso; mas que o faça com sua mão, por sua iniciativa. Para a castanha e sua linda plantinha seremos dois deuses contrários, mas igualmente ignaros: eu, o deus da Vida; ela, o da Morte.

Hoje pela manhã ela começou a me dizer alguma coisa — "seu Rubem, o cajueirinho..." — mas o telefone tocou, fui atender, e a frase não se completou. Agora mesmo ela voltou da feira; trouxe um pequeno vaso com terra e transplantou para ele a mudinha.

Veio me mostrar:

— Eu comprei um vaso...

— Ahn...

Depois de um silêncio, eu disse:

— Cajueiro sente muito a mudança, morre à toa...

Ela olhou a plantinha e disse com convicção:

— Esse aqui não vai morrer, não senhor.

Eu devia lhe perguntar o que ela vai fazer com aquilo, daqui a uma, duas semanas. Ela espera, talvez, que eu o leve para o quintal de algum amigo; ela mesma não tem onde plantá-lo. Senti que ela tivera medo de que eu a censurasse pela compra do vaso, e ficara aliviada com minha indiferença. Antes de me sentar para escrever, eu disse, sorrindo, uma frase profética, dita apenas por dizer:

— Ainda vou chupar muito caju desse cajueiro!

Ela riu muito, depois ficou séria, levou o vaso para a varanda, e, ao passar por mim na sala, disse baixo, com certa gravidade:

— É capaz mesmo, seu Rubem; quem sabe Deus está ouvindo o que o senhor está dizendo...

Mas eu acho, sem falsa modéstia, que Deus deve andar muito ocupado com as bombas de hidrogênio e outros assuntos maiores.

Rio, janeiro, 1960.

É Domingo e Anoiteceu

Chego cansado e empoeirado ao hotel melhorzinho da cidade e peço um quarto para passar a noite. Tomo um banho, janto com tédio na saleta de mau gosto e saio para dar uma volta.

Não tenho nada para fazer, e não conheço ninguém. Estou por acaso nesta cidadezinha do Estado do Rio como poderia estar em qualquer outra. É domingo e anoiteceu. As moças da terra fazem o mesmo que milhões de moças brasileiras estão fazendo neste domingo de verão, nas cidades do interior: tomaram um banho à tarde, jantaram, foram ainda uma vez ao espelho ver os cabelos e os lábios, e saíram para passear na praça. Muitas irão ao cinema, sessão das oito; outras ficarão girando lentamente, em grupos, em volta desses canteiros floridos, até a hora de ir para casa.

"Hoje não tem domingueira no Ideal." Ouvi por acaso essa informação: a sede do clube está em obras, o salão vai ser melhorado para o carnaval.

No Rio também as moças passeiam em muitas praças, ao longo das praias, ou em volta dos jardins de bairro; mas esse passeio dominical das moças, nesta cidade do interior, é um rito austero e delicado, e tão antigo que eu já nem me lembrava mais. Limpas e arrumadinhas em seus vestidos claros, elas passam entre os rapazes que as olham, parados a um lado e outro da calçada. Os rapazes às vezes também circulam; elas, porém, nunca param à margem da calçada: ou estão passeando ou sentadas em um banco, um desses bancos oferecidos à comunidade pela "Panificação Real" ou pelas "Casas Pernambucanas".

Aparentemente as moças não tomam conhecimento desses grupos de rapazes que as vigiam. Vá que cumprimentem os conhecidos na primeira passada — e os cumprimentam discretamente, com um leve gesto de cabeça e a voz baixa. Mas na segunda vez já passam olhando em frente, murmurando uma para outra seus pequenos segredos.

Certamente este senhor melancólico, este cansado forasteiro que de longe contempla a cerimônia municipal, não sabe seus mistérios. Mal se lembra que ele também em outros tempos, em outra cidade do interior, foi um desses rapazes endomingados. Há trocas de olhares — às vezes tão leves, tão aparentemente ocasionais, que o moço ou a moça não fica sabendo se esse olhar teve algum sentido — e espera, para saber, uma outra volta. São poucos minutos até que os passos lentos façam o contorno da pracinha; ela ainda olhará como distraída e encontrará os olhos dele? Passará conversando com a amiga sem nada ver, ou como se nada visse? Ou ele não estará mais ali, ou não voltará a cabeça?

E o desfile continua. É um desfile só para jovens: a moça que chega aos 26, 27 anos sem, ao fim de tantas voltas à praça, através daquela doce e lenta cerimônia, encontrar o moço que há de passar a seu lado (noivo) antes de poder lhe dar o braço (casado), essa já deixa de vir ao *footing*, como se fosse inútil ou ficasse feio; apenas virá um domingo ou outro, no mais ficará em casa tomando conta dos sobrinhos, quando a irmã casada for ao cinema com o marido.

A campainha do cinema atraiu uma boa parte dos que passeavam. Consigo um lugar em um banco e fico ali, num vago tédio lírico, vendo as pessoas. Noto que duas moças me olham e cochicham. Quando me levanto para ir para o hotel vejo que elas me espreitam, como hesitando em me falar. Aproximei-me, indago se querem me perguntar alguma coisa.

— O senhor não é da família Morais, de Niterói?

Não, pobre de mim; não sou de Niterói, nem Morais. Elas pedem muitas desculpas.

Rio, fevereiro, 1960.

História de Pescaria

O velho era eu; o mar, o nosso; mas a novela é bem menor que a de Hemingway.

Na véspera ouvíramos uma notícia espantosa: um *marlin* fora visto na Praia Azedinha. Não contarei onde fica a Azedinha; quem sabe, sabe, quem não sabe procure no mapa; não achará, e a nossa prainha continuará como é, pequena e doce, escondida do mundo. A notícia era absurda: os *marlins* costumam passar a muitas milhas da costa, assim mesmo só quando tem iate de gente bem lá, como o Sr. Raymundo Castro Maya, o Sr. Betty Faria, por exemplo. Pois uma senhora o viu no rasinho, junto da pedra. As senhoras veem muita coisa no mar e no ar, que não há; mas Manuel também viu, e Manuel é pescador de seu ofício, e quando lhe mostramos a fotografia de um *marlin* disse: "Era esse mesmo."

Não acreditamos — mas passamos a manhã inteira no barco, para um lado e outro. Fomos até a Ilha d'Ancora; de lá inda botamos proa para leste muito tempo, até chegar à água azul, e nada. Matamos uma cavala, um bonito, dois flaminguetes, pescamos de fundo e de corrico, voltamos sem esperança, de repente vimos uma coisa preta no mar. Que monstro do mar seria? Era grande o bicho dono daquela nadadeira, talvez um enorme cação; chegamos lá, era um peixe imenso e estranho que eu nunca tinha visto, e Zé Carlos diagnosticou ser peixe-lua, com uma cabeça enorme e um corpo curto, e Manuel confirmou: "Lá fora, no Mar Novo, eles tratam de rolão." O bicho rolava sobre si mesmo, na verdade, perto da laje da Emerência.

Na volta eu peguei o caniço menor com linha de 9 libras, quem sabe que naquela laje perto de terra eu não matava uma enchovinha distraída? Botei o menor corocoxô de penas, passamos rente à laje do Criminoso, senti um puxão forte. Dei linha. Zé Carlos me orientava aos berros, Manuel achava que o anzol tinha é pegado na pedra, eu no fundo do meu coração achei que era o *marlin*. Não era, como vereis. Só ficamos sabendo o que era no fim de meia hora, na primeira vez que o bicho consentiu em vir à tona: um olho-de-boi que tinha seus vinte e cinco quilos; no mínimo vinte, isso nem tem dúvida, na pior hipótese deixo por dezoito; mas sei que estou fazendo uma injustiça.

Era grande e forte; logo disparou para o fundo, eu rodava a carretilha para um lado, ele puxava a linha para o outro; no que ele cansava um pouco, eu fazia força, ele vinha vindo a contragosto como um burro empacado, depois ganhava distância outra vez.

Tinha uma marca amarela na linha, parecia que lá do fundo ele estava vendo aquela marca. Quando chegava nela, e a marca ia sendo enrolada, ele disparava novamente. Meu braço esquerdo já estava doído de aguentar a iba na cortiça, o polegar da mão direita ferido no molinete, eu suava litros.

"Agora vem..." Eu sentia que ele tinha desistido no momento de se entocar numa pedra, estava mais perto da flor d'água, porém muito longe. "Está velando", dizia o Manuel; mas afundava outra vez, eu travava a linha quase toda, baixava o caniço para folgar um instante, puxava, ele ganhava mais cinco, dez braças para o fundo. Duas vezes Manuel chegou a pegar o bicheiro para fincar no animal, que sumia novamente. Meu polegar estava em carne viva, eu tinha de pegar a manivela com os outros dedos contra a palma da mão; dava vontade de desistir, mais de uma hora e quinze de briga, meu braço tenso tremia, eu tinha de passar a mão na testa para afastar o suor que escorria para os olhos, estava praticamente exausto de músculos e de nervos, tive de apelar para o caráter — eu não podia ter menos caráter que aquele miserável olho-de-boi que no Rio eles chamam de pintagola e no Nordeste eles tratam de arabaiana!

Determinei que ele não havia de me partir a linha; aproveitava a mínima folga para puxá-lo. De uma vez que veio à tona ele entendeu de se meter debaixo do barco; agora ele surge à popa, dá uma súbita guinada para boreste, volta... Estou de pé, o cabo do caniço fincado na barriga, suando, fazendo força, Manuel ergue o bicheiro...

Acabou a novela: Zé Carlos fizera a hélice rodar, o arabaiana viu tudo, deu uma volta à ré, afundou, andou em roda, a hélice pegou a linha e partiu, adeus, olho-de-boi, meu recorde internacional de linha de 9 libras, para sempre adeus! Ficaste por esse mar de Deus com meu corocoxô de penas, meu anzol, uma quina amarela e umas braças de linha, adeus!

Rio, março, 1960.

Este livro foi composto na tipologia Stone Serif,
em corpo 10.5/15, e impresso em papel Off-white
80g/m² no Sistema Digital Instant Duplex
da Divisão Gráfica da Distribuidora Record.